인생을 축제처럼

인생을 축제처럼

2005년 8월 31일 1판 1쇄 발행
2008년 10월 15일 개정 1판 1쇄 발행
2011년 11월 15일 개정 1판 2쇄 발행
지은이 · 심수명
등록 · 제12-177호
등록된 곳 · 서울시 강서구 수명로2길 88
발행처 · 도서출판 다세움
TEL · 02-2601-7422~4
FAX · 02-2601-7419
HOME · www.daseum.org

총판 · 비전북
주소 · 경기도 고양시 일산구 장항동 568-17
TEL · 031-907-3927
FAX · 031-905-3927

정가 11,000원
ISBN 978-89-92750-08-0 03230

인생을 축제처럼

우리를 사랑하시는 하나님께 감사하며 이후로도
더 크신 축복과 평강으로 인도해 주시기를 기도하며

_____님께
이 귀한 책을 마음에 담아 드립니다.

| 차 례 |

추천의 글　　　　　　　　08

머리말　　　　　　　　　12

1. 나의 상처 이야기　　　　23
　1) 어린 시절　　　　　　25
　2) 사춘기　　　　　　　 42
　3) 삶에 새겨진 상처　　　45

2. 나의 상처 치료 이야기　　55
　1) 상처 치료 과정　　　　58
　2) 상처 치료의 축복　　　84

3. 용서의 삶	99
1) 용서의 과정	102
2) 용서의 축복	119
4. 인생을 축제처럼 사는 법	129
1) 변화의 삶	133
2) 성숙한 삶	138
3) 믿음의 삶	145
4) 사랑의 삶	156
5) 상처 입은 치유자	171
마치는 글	183

 | 추천의 글 |

명 성 훈 목사 – 순복음 성시교회 담임, 전 교회성장연구소 소장

　사람들은 누구나 과거의 상처를 가지고 있습니다. 그런 상처로 인해 자화상이 심하게 왜곡되어 있는 경우에는 기도와 상담 등을 통한 치료가 필요합니다. 자화상이 건강하지 않으면 행복하고 성공적인 삶을 살 수 없기 때문입니다.
　성경은 "즐거워하는 자들로 함께 즐거워하고 우는 자들로 함께 울라"(롬 12:15)고 말하고 있습니다. 크게 슬퍼하고 있는 사람에게 해줄 수 있는 가장 큰 위로는 자신에게도 그러한 아픔이 있었음을 나누는 것일지 모릅니다. 상담자이자 교수이며 목사로서 심수명 교수님이 이 책을 통해 자신의 아픈 상처를 솔직히 공개하는 것도 그런 이유일 것입니다. 이 책에 등장하는 상처 입은 사람들을 보며 내 자신과 형제자매, 부모, 이웃의 내면을 떠올리게 됩니다. 그러면서 사람들의 상처를 보듬어 안고 치료하고자 하는 심 교수님의 따뜻한 마음을 느끼게 됩니다.

　이 책은 "상처 입은 영혼"을 위한 하나님의 위로의 편지입니다. 하나님은 우리를 홀로 두지 않으시고 우리의 상처 입은 마음을 어루만져 주십니다. 이 책을 읽는 모든 분들에게 하나님의 치료의 손길이 임하기를 기도하며, 이 책을 적극 추천합니다.

송 길 원　목사 - 하이패밀리 대표

　한국의 가정을 돕고 세워나가기 위해 혼신의 노력을 다하시는 심수명 교수님의 본서는 마음의 상처를 가지고 살아가는 모든 현대인들에게 매우 귀한 저서가 될 것을 확신합니다. 이 책은 이론적 심리치료에 근거를 두기보다 철저하게 경험적이면서도 임상심리학적 근거에서 나온 것이기에 마음의 상처를 치료받기 원하는 사람들은 읽어보기만 하여도 자신의 상처와 아픔들이 치유되는 놀라운 힘이 있습니다. 사람들은 누구나 자신의 깊은 상처를 감추고 싶어 하는 자기 본능적 방어 체제를 갖고 있습니다. 그럼에도 심 교수님은 자신의 상처 속살을 적나라하게 드러내며 한 사람이라도 더 치료의 공감대로 끌어들이려는 적극성을 보이고 있습니다. 심 교수님은 상처 입은 치료자로서 그 영역을 넓혀가고 있으며 특히 신학과 심리학, 상담과 목회를 통합한 따뜻한 마음을 가진 가정사역자요, 상담학자로서 매우 귀한 분이십니다. 저는 심 교수님의 본 저서에 깊은 감동을 받으며 모든 분들이 저와 같은 기쁨이 있기를 소망하면서 즐거운 마음으로 일독을 권하고 싶습니다.

정 진 우 목사 – 한국 NCD 대표

심 교수님은 한국 NCD를 통해 한국교회를 함께 세워나가려는 신실하며 귀한 동역자입니다. 그는 상담을 전문적으로 공부한 목사요 교수로서 상처 입은 수많은 영혼과 교회가 온전하고 건강하게 회복되는 것을 돕고자 희생하며 섬기는 삶을 살고 있습니다. 또한 NCD 사랑의 관계 클리닉을 통해 수많은 교회와 성도들에게 사랑을 공급하여 교회를 변화시키려고 구체적인 노력을 하고 있습니다. 이 시대의 사람들은 많은 상처를 안고 그 해결책을 찾지 못한 채 방황하고 있습니다. 이러한 때 심 교수님은 자신의 상처를 통하여 다른 사람의 상처를 치료하기 위해 이 한 권의 책에 인간 내면의 상처와 고통을 말하고 있습니다. 더 나아가 상처의 치료와 아울러 비전까지 깊고도 섬세하게 다루고 있습니다. 책 제목에 드러나 있듯이 심 교수님은 자신의 깊은 상처를 담담한 어조로 드러내 보이면서 상처 입은 이 땅의 모든 영혼들을 사랑하려 하며 그 아픔을 자신의 아픔처럼 느끼고 품어 주려 합니다. 그것이야말로 인생을 축제같이 사는 행복의 길임을 자서전적으로 고백하고 있습니다. 따라서 이 책은 저자의 경험과 회복, 그리고 비전이 곳곳에 묻어있기에 누구라도 쉽게 마음 깊은 공감대를 형성할 수 있을 것이며 이 책을 읽기만 해도 놀라운 치유와 비전을 경험하게 될 것입니다.

다양한 사람을 섬겨야하는 목회자뿐 아니라 삶에 대해 조금이라도 관심 있는 사람이라면 꼭 이 책을 읽기를 적극 추천합니다. 결국은 저자의 고백처럼 상처와 자존감의 회복이 우리 인생을 행복하게 만들고 인도하기 때문입니다.

 | 머리말 |

　저는 여기저기 다니는 여행보다는 한 곳에 머물러 사람과 대화하거나 조용히 혼자 독서하는 것을 좋아합니다. 그런 저에게 미국 유학 중에 여행할 기회가 생겼습니다. 여행 중에 록키 산맥을 보게 되었는데 그 순간 저는 '아!' 하는 탄성을 지를 수밖에 없었습니다. 록키 산맥의 광활함과 웅장함은 너무도 놀랍고 신비스러워서 진한 감동과 충격을 주었습니다. 끝없이 펼쳐진 아름다운 산과 독특한 형상을 한 기이한 지형들, 산 전체를 지붕처럼 덮고 있는 빙원, 빙원에서 녹아내리는 물줄기, 폭포와 골짜기를 따라 굽이치는 강, 그리고 계곡마다 다른 빛깔을 내는 기이한 호수들은 저마다 한 폭의 신비로운 그림으로 저의 마음에 새겨졌습니다. 가도 가도 끝없이 펼쳐진 그 거대한 산맥은 좁은 국토에서 오밀조밀하게만 살아온 저에게 광대함이 무엇인지 생각하게 하였습니다.

뿐만 아니라 록키 산맥의 절경을 보며 하나님이 만드신 세계의 다양함과 조화로움에 경탄할 수밖에 없었습니다. 또한 이 모든 것이 인간을 위한 하나님의 배려임을 깨닫고 그분의 깊은 사랑에 머리가 숙여졌습니다. 그리고 하나님의 목적인 인간의 존재에 마음이 모아지기 시작했습니다. 자연이 아무리 아름다워도 인간에 비교한다면 한낱 배경에 지나지 아니한 것을…. 생각이 여기까지 발전되자 '실로 인간 존재의 존엄함이 얼마나 위대한가.' 라는 깨달음이 일어났습니다. 그리고 인간을 향한 하나님의 사랑과 창조의 축복에 감격하여, 목이 메이고 눈물이 흐르기 시작했습니다. 하나님이 인간에게 당신의 형상을 부여하시고, 영원한 생명의 존재가 되게 하신 것은 신비로운 축복입니다. 그래서 주님은 사람의 생명이 천하보다 귀한 존재라고 말씀하신 것입니다. 그렇습니다. "목숨값은 엄청난 것, 그 값을 치르기는 감히 생각도 못할 일"입니다(시 49:8, 공동번역). 이 세상의 그 무엇과도 비교할 수 없이 가장 고귀하고 아름다운 존재가 사람입니다. 따라서 사람이라면 어떤 외모, 어떤 조건, 어떤 환경에 있든지 간에 인간 그 자체로 존경을 받아야 마땅할 것입니다.

그러나 저의 어린 시절을 되돌아 볼 때, 저는 출생 순간부터 아버님께 거절을 받아 인격의 존엄을 알아갈 기회를 상실했습니다. 저는 이러한 제 인생이 괴로워서 견딜 수 없었습니다. 제 인생은 너무도 비참했기에 인간으로 대접받기 위해 몸부림치며 살아왔습니다. 저도 가치 있는 삶을 살고 싶고, 사랑받는 인생이 되고 싶었습니다. 그리고 마음 깊은 곳에서 언젠가 '사람'으로 대접받고 사는 날이 오기를 기대하는 마음이 간절했습니다.

어느 날 이러한 저의 기대를 하나님께서 채워주시는 감격의 순간이 있었습니다. 그분을 진정으로 만남으로써 인생에 극적인 전환이 일어났습니다. 하나님은 저를 사랑하시되 당신의 존귀함만큼이나 크고 신적인 존엄을 제게 부어 주셨고, 제가 바라고 상상했던 것 이상의 사랑을 주셨습니다. 저를 당신의 나라 백성이며 왕자의 위치로 이끌어 인생의 가치와 축복을 전인격적으로 체험하는 영광까지 누릴 수 있게 하셨습니다.

이것은 마치 동화 속의 신데렐라처럼 어느 날 갑자기 인생의 신분과 위치가 바뀌는 놀라운 경험이어서 저는 너무나 기뻐하고 감사할 수밖에 없었습니다. 그러나 이러한 감격 저편에서는 이런 사랑이 있다는 사실이 받아들여지지 않아 얼떨떨한 감정도 있었습니다. 그럼에도 불구하고 그것은 현실이었고 말로 표현할 수 없는 은혜였습니다. 그래서 제 인생

전부를 하나님께 드리기로 서원하였고, 이것은 제가 한 모든 선택 중에서 가장 귀한 선택이었습니다.

저는 주님의 부르심 앞에 순종하면서 하나님께 헌신한다는 것은 곧 사람에게 헌신하는 것임을 알게 되었습니다. 하나님이신 예수님께서 자신의 전부를 드려 사람에게 헌신하신 것처럼 제가 또 다른 한 사람을 사랑한다면 그 사람도 예수의 제자가 되어 또 다른 사람을 사랑하고 자신의 삶을 나누어 줄 것이라고 생각했습니다. 그래서 저는 목회비전을 사랑의 섬김에 두었습니다. 그러나 한 사람을 진실로 사랑한다는 것은 생각보다 어려웠습니다.

사람을 사랑한다는 것이 쉽지 않다는 사실을 알아가면서 점점 지쳐가던 즈음, 너무도 큰 사건이 일어났습니다. 제가 전도사로 사역하는 교회에서 '조울증'으로 정신과 치료를 받고 있는 어떤 자매를 만났습니다. 그 자매를 어떻게 도와야 할까 고민하던 중, 이 자매가 예수님의 사랑을 모르기 때문에 정신적인 어려움이 왔을 거라고 생각하게 되었습니다. 그래서 자매와 함께 '구원의 확신' 성경공부를 시작했습니다. 반갑게도 그 자매는 복음에 대해 상당히 긍정적인 마음을 가졌고, 조금씩 마음을 열면서 예수님에 대해 관심을 가지기 시작했습니다. 그런데 어느 날 그녀의 아버지가 그녀를 정신과 폐쇄병동에 강제로 수감시켜 버렸습니다. 그녀는 너무도 고통스러워 창문을 통해 탈출을 시도하다가 그만 아래로 떨어져 죽고 말았습니다. 새벽에 그 소식을 들은 저는 잠을 이룰 수 없었고 그 후로도 오랫동안 깊은 죄책감에 시달려야 했습니다.

'내가 잘 도왔더라면 죽지 않았을 텐데…'

저는 너무나도 고귀한 한 영혼의 죽음을 목도하는 참담한 경험을 통해 인간의 생명과 존재됨에 대해 깊이 고민하게 되었습니다.

하나님의 참 사랑은 무궁무진하고 모든 문제를 해결할 수 있는 것임에는 틀림없습니다. 그러나 인간의 내면에 상처가 있을 때에는 하나님의 사랑을 받아들이기에 힘들어하는 인간의 연약함을 깨닫게 되었습니다. 그렇습니다. 복음은 분명 영혼을 치료하는 능력이 됩니다. 그럼에도 불구하고 마음의 상처가 깊은 경우 복음과 함께 정신의학적인 도움이 필요하다는 사실을 발견하게 된 것입니다. 저는 거듭남의 기쁨과 소망 때문에 다른 사람의 영혼 구원에 대한 열정은 뜨거웠지만 사람의 내면 심리에 대해서는 너무나 무지했음을 다시금 깨닫게 되었습니다. 인간의 마음은 어떻게 움직이는지, 근원적 욕망은 무엇이며 어떻게 충족시킬 수 있는지, 상처는 왜 받으며 어떻게 치료할 수 있는지, 인간관계는 어떻게 맺어야 하는지, 왜 이렇게 사랑하기 어렵고 행복하기가 쉽지 않은지 등의 인간에 대한 이해 없이는 인간을 제대로 도울 수 없음을 절감한 것입니다.

그래서 사람을 알기 위해 열정적으로 심리학과 상담학을 공부하기 시작했고, 여기에 많은 시간과 돈 그리고 인내를 쏟아 부었습니다. 물론 이 과정에서 제일 많이 도움을 받은 것은 바로 저 자신이었습니다. 저는 제가 먼저 치료받는 은혜를 경험하였고 더 나아가 영혼의 치료자로서 다른 사람을 도울 수 있는 방법까지 알게 되었습니다. 그 이후 세월이 많이 흘렀고 말씀과 성경적 세계관을 기초로, 상담과 심리치료를 통합하여 사람을 인격적으로 치료하며 돕는 것이 무엇인지 깨닫게 되었습니다. 저는 이제 너무나 감사하고 행복한 삶을 누리고 있습니다.

인간은 누구나 상처를 받으며 살아갑니다. 여기에 예외는 없습니다. 문제는 치료입니다. 신체가 상처를 입으면 사람들은 수술을 하든지, 약을 바르고 싸매든지 해서 상처를 낫게 합니다. 인간의 마음도 그렇습니다. 비인격적인 관계 때문에 자존감에 상처를 입고, 무시하는 말이나 거친 말로 자기가 무가치한 존재라고 느끼며, 여러 가지 폭력으로 마음에 상처를 입게 되는 경우가 많습니다. 이때 진정한 사랑과 따뜻함, 그리고 일관성으로 그의 마음을 만나 상처 입은 그 아픔을 씻어 주면 사람의 마음은 비로소 회복됩니다.

저는 하나님의 사랑으로 사람의 마음을 치료하는 것이 가장 큰 사명이라고 생각하는 상담자로서, 그리고 후학들에게 제가 얻은 깨달음을 나누어주고 싶은 열망을 가진 학자로서 이러한 문제에 대해 구체적이면서도 실제적인 치료의 과정을 제시하고 싶었습니다. 그래서 용기를 내어 이 글을 쓰게 되었습니다. 그리고 유난히도 상처가 많았던 저의 삶이 치료되는 과정을 하나의 사례로 열어 보였습니다. 그래서 고통받고 있는 또 다른 영혼들에게 조금이라도 소망의 빛이 비춰지기를 바라는 마음으로 제 자신의 삶을 할 수 있는 한 많이 개방하려고 노력하였습니다. 물론 부끄러움과 수치스러운 감정이 들기도 하지만 다른 영혼에게 조금이라도 도움이 된다면 무엇을 주저하겠습니까? 그저 사랑의 마음으로 감수할 뿐입니다.

삶 자체는 '살아있는 인간 문헌'입니다. 즉 삶은 하나의 살아있는 책이기에 서로의 삶에서 교훈을 얻고, 다른 사람의 삶을 통해 빛과 영감을 얻을 수 있습니다. 따라서 저는 이 책을 읽고 계신 독자라면 이미 치료하시는 하나님의 은혜를 경험하고 있다고 생각합니다. 그렇습니다. 삶의 과거와 현재는 아무리 어려워도 하나님에 대한 믿음이 있다면 반드시 회복됩니다. 그리고 비록 사망의 음침한 골짜기에 있을지라도 마침내 따뜻한 사랑과 행복, 그리고 비전의 빛을 보게 될 것입니다.

이 책은 2002년 9월에 『상처 입은 영혼을 위하여』라는 제목으로 초판이 출판되어 약 6쇄 정도 판매되었습니다. 그 후 2004년 8월에 『사랑을 위해 태어난 사람』, 2005년 9월에 『인생을 축제처럼』이라는 제목으로 출판되었고 이번 2008년 10월에 상처치료와 회복의 과정을 중심으로 좀 더 이해하기 쉽도록 새롭게 개정판을 내게 되었습니다.

저의 치료와 훈련, 성숙에 영향을 주었을 뿐 아니라 이 원고의 구상을 위한 사색에 영감을 주었던 스승들, 선배 및 동료 교수와 목회자들, 그리고 후배와 제자들, 저의 내담자들 그리고 정성으로 추천의 글을 써 주신 명성훈, 송길원, 정진우 목사님께 감사드립니다. 또 오늘의 제가 있기까지 늘 기도해 주신 사랑하는 어머니 곽만순 권사님, 아내 이영옥님과 자녀 자연이와 수연이, 함께 수고하며 애써주는 (사)다세움 직원과 인턴, 레지던트들, 그리고 나의 동역자들인 한밀교회

교역자와 목자, 간사, 성도님들 그리고 국제신대와 한기총다세움상담목회대학원의 교수 및 학우들 모두에게 감사드립니다.

무엇보다 이 책을 쓰기까지 제 삶을 인도하시고 풍성히 채워주신 내 하나님께 모든 영광을 돌립니다.

"주님, 우리 모두가 당신의 은혜 속에 언제까지나 머물게 하옵소서."

2008. 10.
하나님의 은혜에 감격하는 사람 **심 수 명**

1. 나의 상처 이야기

인생은 아이러니하게도 가장 사랑을 받아야 할 부모에게서 가장 많은 상처를 받기도 합니다. 그러기에 그 상처는 다른 상처보다 더 깊이, 더 오래도록 남아있게 됩니다.

누구나 다 저마다의 상처가 있고 그 아픔 속에서 성숙의 길을 가듯이 저의 인생 역시 그러했습니다. 인생은 아이러니하게도 가장 사랑을 받아야 할 부모에게서 가장 많은 상처를 받기도 합니다. 그러기에 그 상처는 다른 상처보다 더 깊이, 더 오래도록 남아있게 됩니다. 이렇게 해결되지 못한 상처의 원인은 대개의 경우 어린 시절의 경험입니다. 그 해결하지 못했던 슬픔들을 해결하고 더 이상 그것에 연연하지 않게끔 치료와 회복을 위해 도와주어야 합니다. 그래서 상처받은 감정을 치료하기 위해서는 사람들의 성장발달 과정 중 상처 입은 시기로 접근하는 방법이 매우 효과적입니다. 그리고 사람들이 자신의 상처받은 내면을 발견하고 잘 보살피고 돌보게 되면, 그들 안에 감추어져 있는 선천적인 창조적 힘이 나타나기 시작합니다. 프로이트는 노이로제와 성격장애가 우리의 일생동안 반복되는 '풀리지 않은 어린 시절 부조화의 결과' 라는 것을 처음으로 밝힌 사람입니다. 그래서 그는 환자가 상처받은 내면아이를 드러낼 수 있고 그의 '충족되지 못했던 욕구' 를 상담자에게 전이시킬 수 있을 만큼 안전한 환경을 상담자가 제공함으로써 상처받은 아이를 치료하는 방법을 시도했던 것입니다.

여기에 저의 삶을 소개한 것은 저와 같은 상처를 안고 살아가는 사람들과 함께 그 아픔을 공유하면서 상처 받은 내면아이를 드러낼 수 있는 용기를 가질 수 있기를 원하는 마음 때문입니다.

1) 어린 시절

출생의 아픔

제 인생의 고통은 태어나는 순간부터 시작되었습니다. 어머니의 태중에 있던 저는 자연스럽게 출산하기에는 너무 큰 아이였습니다. 어머니의 산고는 말할 수 없이 참담했습니다.

출산과정에서 몇 차례 병원을 바꾸기도 했으나 급기야 어머니는 생명이 위태로운 지경에까지 이르게 되었습니다. 아버지는 자기 곁에서 아내가 죽음의 위기를 넘나드는 것을 보고 어찌할 수 없는 답답함과 두려움과 분노, 아내를 잃어버릴 것 같은 죽음에 대한 공포, 상상을 초월한 혼돈과 충격을 겪으셨습니다. 아버지는 심약해서서 심리적으로 아내를 많이 의존하고 사셨기에 고통을 더 크게 느끼셨던 것 같습니다.

결국 어머니는 대학병원 산부인과로 옮겨졌고, 간신히 출산에 성공하게 되었습니다. 이로 인해 저는 태어나면서부터 아버지의 미움과 분노의 대상이 되었습니다. 설상가상으로 아버지의 심기를 더 불편하게 만든 것은 그때 저의 출산을 도운 의사가 남자였다는 사실입니다. 아버지는 저를 혐오하여 극도로 불쾌해 하셨고 저를 없는 자식으로 외면하셨습니다. 그래서 저는 자식으로서 마땅히 받아야 할 돌봄을 받지 못한 채 버려졌습니다.

아버지에 대한 반발

사람은 누구나 긍정적이고 강한 점이 있는가 하면 부정적이고 약한 모습이 있듯이 저의 아버지 역시 이런 모습들이 있었습니다. 때때로 약한 자를 무시하거나 억압하실 때가 있었고, 친밀감의 능력이 부족하고 사람들을 무섭게 대했습니다. 어려움이 생기면 회피하는 경향이 있었고, 돈에 대해 인색할 뿐 아니라 자기 기분대로 행동하시는 면이 있었습니다. 반면에 하나님을 의지하시며 상황에 대처하는 순발력과 재치, 영특함과 뛰어난 지능을 가지셨습니다. 1960년대에 과자 공장을 경영하시면서 한국 최초로 '모나카'라는 과자를 개발하셨고, 건축 기술을 배운 적도 없는데 혼자 연구하셔서 40여 평 정도의 단층 건물을 완성하셨습니다. 제일 마지막에 목수가 와서 지붕틀을 올리는 것만 도와주었다니 이 얼마나 놀라운 일입니까?

그리고 깊은 정과 로맨틱한 면이 있으셨습니다. 또한 리더십과 집중력, 창조적인 능력이 있어서, 사업에 성공하여 한 때 큰돈을 벌기도 하셨습니다. 하지만 아버지의 가장 탁월한 선택은 하나님의 섭리에 따라 모든 것을 버리고 목사가 되신 것입니다. 사실, 아버지가 목사였기 때문에 그분의 거절과 무시는 더 큰 상처가 되었습니다. 예수님의 복음과 사랑을 설교하는 분이 집에 돌아와서는 자식을 정서적으로 학대하고 비인격적으로 대하는 것을 이해할 수 없었습니다.

저도 사춘기 전까지는 아버지의 사랑을 받기 위해 최선을 다했습니다. 그러나 어느 순간부터 아버지에게 도전하였고 그분을 흔들어 놓았습니다. 아버지가 죽기를 바라는 반항심과 분노로 저는 신앙까지 버리게 되었습니다. 이것은 인생의 저주 가운데 가장 큰 고통이요 형벌이었습니다. 자기 부모를 증오하는 것은 자신의 존재를 거부하고 삶의 뿌리를 잃어버려 비참한 삶을 살게 하는 것임을 제 생애를 통해 처절하게 경험하였습니다.

뿐만 아니라 아버지의 사랑을 독차지하는 동생이 없으면 제가 막내로서 사랑을 받을 텐데 하는 마음 때문에 동생을 죽이고 싶었고 실제로 그런 기회가 오기를 기다리기도 하였습니다. 이로 인하여 동생에게도 고통을 주었으니 이 또한 얼마나 악한 모습이었는지요. 이렇게 증오를 품고 사는 마음 한구석에는 이런 나를 하나님이 처벌하시지는 않을까 하는 깊은 두려움과 죄책감이 있었습니다. 그리고 다른 한편으로는 분노와 증오심, 양심의 가책과 죄의식을 억압하고 아무 일도 없는 것처럼 태연하게 살았습니다.

아버지의 편애

아버지는 형을 목사로 만들고 싶은 마음에 형의 은사와 자질을 검토해 보지도 않은 채 하나님께 서원하셨습니다. 그리고 형에게 많은 지원을 해주시면서 목사가 되어야 한다고 강요했습니다. 그래서 그 어려운 시절, 형을 아주 좋은 유치원에 보내 교육시키기도 했습니다. 하지만 그것이 형에게는 부담과 구속으로 느껴져 아버지께 반발하게 되면서 많은 갈등과 어려움을 겪었습니다. 또한 아버지 자신이 막내로서 형들에게 당한 고통이 컸기 때문에 각별한 사랑으로 막내 동생을 보호하셨습니다. 뿐만 아니라 동생이 어릴 때 팔에 큰 부상을 입은 사건 이후 더 깊은 애착과 동정심을 가지고 끝까지 동생을 책임지며 돌보려고 하셨습니다.

그러나 저는 아무것도 아니었습니다. 제게는 그저 미움 밖에 주지 않으셨습니다. 저와 대화하지 않던 아버지는 어느 날 '너는 돈을 벌어 형과 동생, 가족들을 위해 사는 것이 사명이다.'라고 명령하셨습니다. 어린 저에게 공부는 시키지 않고 돈을 벌어오기를 바라셨습니다. 저는 아버지가 돈을 좋아하신다고 생각하여 돈을 벌어 그분의 인정을 받으려고 안간힘을 썼습니다. 그래서 중학교 때부터 신문 배달과 신문 가판, 우산 장사, 여관 청소, 공장조립공 등 닥치는 대로 일하면서 돈을 벌었고, 아버지에게 돈을 드리는 기쁨으로 살았습니다. 저는 굶어도 좋고 점심으로 가장 싼 국수를 사먹어도 괜찮았습니다. 아버지와 가정에 도움이 된다는 것이 기쁘고 아버지에게 무엇인가 하고 있다는 사실만으로 뿌듯한 느낌이 들었기 때문입니다.

  그러나 수년을 그렇게 살아도 아버지는 여전히 저를 자식으로 인정하지 않았고, 그런 아버지를 저는 도저히 이해할 수 없었습니다. 형이나 동생에겐 사랑을 주며 귀족같이 키우고 학업도 더 지원을 못해줘서 마음 아파하시면서, 제게는 그나마 어렵게 다니던 야간 학교도 그만두고 공장에 취직하도록 요구하셨습니다. 처음에는 그것을 받아들였지만 세월이 흐르면서 제가 착취당하고 노예처럼 부려지는 것 같아 견딜 수 없었습니다. 차츰 저는 차별에 민감해졌고, 조종당하는 것을 본능적으로 싫어하게 되었습니다. 그 이후로 '인격적인 평등'을 평생의 목표로 삼고 다른 사람을 인격적으로 동등하게 대하려고 노력하였습니다. 물론 그 근원은 바로 아버지로부터의 조종과 외면, 편애 때문이었습니다.

  지금 생각해보면 그것은 제게 도리어 큰 축복이 되었습니다. 그러나 인격적인 삶을 살기 위해 고민하고 노력하면서 얻은 깨달음은, 인격적으로 살고 싶다고 그렇게 살아지는 것은 아니라는 것입니다. 그렇게 살 수 있는 능력이 있어야 하는데 그것은 자기의 상처 치료와 끊임없는 훈련이 있어야 가능한 것입니다.

  아버지가 형이나 동생에게 말없이 깊은 애정과 사랑을 베푸시는 모습이 제 눈에 비칠 때 제 가슴속에는 말할 수 없는 부러움과 갈망이 일어났고 사랑에 대한 타는 목마름을 느꼈습니다. 저도 아버지께 사랑받고 싶었고 다른 형제들처럼 아들로 인정받고 싶었습니다. 하지만 아버지는 저를 가까이 하지 않으셨고 밥을 먹을 때도 아버지로부터 멀리 떨어져 앉게 하셨습니다. 형제들이 이야기하면 말없이 들으시던 아버지, 특히 동생의 말에는 깊은 사랑과 애정으로 즉각 응답하시던 아버지가 제게는 말할 기회조차 주지 않으셨습니다.

저는 한 번도 아버지께 무엇을 구해본 적이 없었고 제 원함을 말해본 적이 없으며 무엇을 지도받아 본 적이 없습니다. 그런 아버지의 무심한 태도와 외면, 무시를 견딜 수 없었습니다. 그래서 아버지의 사랑을 받기 위해 끊임없이 노력했고 저를 자식으로 인정해 줄 수 있다면 아버지를 위해 목숨까지도 바치고 싶어 했습니다. 아버지는 제가 6살 때부터 기관지 천식이란 지병이 있으셨는데, 8살 무렵부터는 위독하셔서 병원에 자주 입원하셨습니다. 그때마다 어린 저는 온갖 정성으로 아버지를 간호하면서, 아버지 대신 저를 죽게 하시고 아버지를 살려달라고 기도할 만큼 아버지에 대한 대단한 헌신과 집착을 보였습니다.

또한 아버지로부터 사랑받고 인정받기 위해 제 나름대로

아버지가 기뻐하실 만한 행동이라고 짐작되는 것들을 찾아 하면서 애를 써왔습니다. 예를 들면 공부를 열심히 한다든가, 심부름을 잘 한다든가, 착한 아이로 살기 위해 문제를 일으키지 않으려 하는 것 등입니다. 실수하지 않으려고 생각하고 또 거듭 고민하여 노력한 것이 강박증을 만들었습니다. 따라서 자기 억압과 포장이 많고 외식과 위선들이 제 삶의 전반적인 분위기를 만들었습니다. 저는 늘 눈치 보며 살았기에 위축되었고 사람과의 관계 자체가 힘들어 회피하며 숨고 싶었습니다. 그래서 인간관계에서 막힘이나 왜곡 없이 자연스럽게 물 흐르듯 살아가는 삶의 모습은 저의 소망이 되었습니다.

아버지의 사랑을 받기 위해 끊임없이 노력하여 제 생활 속에서 어른스러움이 조금씩 나타나고, 무엇인가 맡겨도 될 만큼 신뢰를 줄 수 있는 아이가 되었습니다. 그러나 아버지는 여전히 제가 원하는 칭찬과 인정을 주지 않으면서 집안의 모든 일을 책임지는 하인과 같은 역할을 요구하셨습니다. 저는 한때 이것이 아버지의 인정이라고 생각하여 열심히 노력하였습니다. 이로 인하여 저는 집안의 많은 일을 책임지며 돌보아야 했고 경제적인 부담까지 짊어지며 돈을 벌었습니다.

그러나 저의 이런 모든 노력에도 불구하고 아버지는 철저하게 저를 외면하셨습니다. 아무리 노력해도 아버지의 차가운 태도는 변하지 않았습니다. 저는 자기비하와 허무감에 스스로를 포기하게 되었습니다. 자아는 위축될 대로 위축되어 내면에 깊이 갇혀버렸고 제가 누구인지 존재감을 잃어버린 채 그 누구의 사랑도 기대할 수 없는 버려진 인생으로 살았습니다.

저는 사랑받고 싶어서, 살 가치가 있는 존재로 느끼고 싶어서 온 힘을 다해 몸부림쳤습니다.

'누구 나를 좀 도와주세요. 누가 저도 사랑받을 수 있다고, 인간답게 살 수 있다고, 미래가 있을 것이라고 말해주세요…. 제게 희망을 주세요.'

아무리 노력해도 털끝만 한 희망도 보이지 않는 제 인생이 견딜 수 없이 싫었습니다.

수도 없이 외면과 학대를 받았음에도 불구하고 가출하거나 잘못된 길로 가지 않은 이유가 무엇일까? 어느 날 문득 궁금한 마음이 들었습니다. 그것은 하나님의 은혜라고 말할 수도 있고, 신앙적인 영향력이라고 볼 수도 있을 것입니다. 가슴 깊은 무의식 속에서는 그래도 언젠가는 희망이 있을 것 같다는 희미한 촛불이 타고 있었습니다. 그래서 마음속으로는 아버지에 대한 마지막 희망을 버리지 않고 아버지가 달라져 저를 사랑해 주시고 인정해 주시는 날이 오기를 끊임없이 기다렸던 것 같습니다. 그러나 그것은 참으로 어리석고 끝이 없는 집착이었습니다. 저를 없는 자식으로 취급하며 철저하게 무시하는 아버지께 어떻게든 사랑받아 보겠다는 마음을 끝까지 포기할 수 없었던 것은 아버지에 대한 병적인 애착이 너무나도 컸기 때문입니다.

그렇습니다. 사랑의 상실은 인간으로 하여금 끊임없이 보상을 요구하게 하고, 만족감을 느낄 때까지 그 욕구를 버릴 수 없게 하는 것입니다. 이러한 구조 속에서 저는 자연히 성인아이로 자라게 되었습니다. 성인아이란 일차적으로 역기능 가정에서 자라난 사람을 가리킵니다. 그들은 어린 시절에 정서가 충족되지 못하고 상처를 받은 결과 성인이 되어서도 과거 내재아가 그 안에 그대로 존재합니다. 그러므로 감정이나 태도 행동 등에서 어린아이와 같은 모습을 보이는 사람들입니다. 이처럼 성인아이 같은 저의 모든 행동은 자식이 부모의 역할을 대신함으로써 부모에게 받지 못한 사랑을 받으려는 모습입니다. 아이의 이런 모습을 계속 바라보고 놓아두게 되면 이는 아이를 이용하는 행동이 되며 아이는 정서적으로 착취당하여 내적으로 고갈됩니다.

비참했던 학교생활

저의 학교생활을 돌아보면 아픔 그 자체입니다. 초등학교 시절부터 학교 준비물이나 등록금 등을 부모님께 받은 기억이 한 번도 없습니다. 다만 어머니가 아버지 몰래 용돈을 몇 번 주신 적이 있을 뿐이었습니다. 당시 학교 등록금은 육성회비였는데 초등학교 6년 동안 단 한 번도 육성회비를 내 본 기억이 없습니다. 가정형편이 넉넉하지는 않았지만 몇 푼 되지 않는 등록금을 주지 못할 정도로 어렵지는 않았습니다. 물론 형과 동생에게는 그런 어려움이 거의 없었습니다.

어떤 선생님은 육성회비를 가지고 오지 않는 저를 집으로 돌려보냈습니다. 학교에 가서 출석을 한 다음 가방을 놓고 선생님의 지시에 따라 다시 집으로 갔다가 집 주위를 한 번 돌고 나서 다시 학교로 갔습니다. 처음에는 너무 일찍 돌아온 까닭에 선생님이 다시 가라고 하셨기 때문에 그 다음부터는 학교 운동장에서 한참 있다가 들어가곤 했습니다.

어느 날 운동장에 서성대고 있는데 갑자기 아이들이 무슨 공부를 하는지 궁금해졌습니다. 그래서 창문 틈으로 살펴보니 곱셈을 공부하는 것이었습니다. 그때 제가 받은 충격은 엄청났습니다. 왜냐하면 학교에서 수업하지 않았어도 웬만한 것들은 혼자 책을 보고 공부하면 다 이해가 되었는데 곱셈과 나눗셈은 처음 보는 것이기 때문이었습니다. 게다가 친구들은 다 아는데 저만 모른다는 사실은 낙오자가 될지도 모른다는 두려움과 공포를 주었습니다. 그 후부터는 문틈으로 공부하는 날이 많았고 곱셈, 나눗셈도 창문 너머로 익혔습니다.

초등학교에서 시험을 치를 때도 시험지 값을 낸 사람만 시험을 볼 수 있었습니다. 그런데 돈을 내지 못한 저는 그 시간에 그저 멀뚱멀뚱 앉아 있었고, 어쩌다 시험용지가 남으면 선생님이 자비 아닌 자비를 베풀어서 시험지를 주어 내 실력이 어느 정도인지 평가해 볼 수 있었습니다. 집에서 학용품을 사주지 않았기에 공책이 없어서 고민하던 저는 친구들이 쓰다버린 공책을 모아 사용하기도 했습니다. 특히 저학년 때는 책을 종이에 싸서 학교에 들고 다녀야 했는데 너무 부끄러워서 죽고 싶을 정도였습니다. 가방을 들고 학교에 가는 누나와 형은 저와 같이 학교에 가지 않으려 했고 학교에서 저를 만나도 아는 척 하지 않았습니다.

이런 상황들은 제가 아무리 노력해도 제 인생이 달라질 수 없을 것이라는 절망감과, 온 세상이 저를 저주하고 외면하는 듯한 거절감을 심어주기에 충분했습니다. 게다가 선생님과 친구들도 저를 무시하고 외면하기 일쑤여서, 제 자신도 스스로를 버려진 짐승처럼 무가치한 존재로 받아들여 갔습니다. 이로 인해 차갑게 외면하는 사람들의 시선을 두려워하게 되었고 더 나아가 사람 자체를 무서워하는 심리가 작동하게 되었습니다. 그리고 이런 감정들이 내 마음에 느껴질 때면 온 세상을 향해 참을 수 없는 분노를 느끼며, 비참하게 자해하여 죽고 싶은 마음이 간절하였습니다.

초등학교 졸업 이후 어떤 교인의 도움으로 중학교에 입학하여 공부하게 된 것은 정말이지 큰 축복이었습니다. 그러나 입학금은 해결되었지만 이후의 학비는 스스로 마련해야 했습니다. 장학금을 받으려고도 해 보았으나 그 중학교에는 성적 장학금 제도가 없었고 가난한 학생에게만 장학금을 주었습니다. 저는 경제적인 가난을 드러내는 것이 부끄러워 장학금을 신청할 수 없었고 등록금 때문에 많은 시달림을 받았습니다. 결국 이런 제 자신의 모습이 한없이 초라하게 느껴져 학교를 자퇴하고 말았습니다. 그러나 공부를 포기할 수 없어서 돈을 벌어 다른 학교로 편입하여 천신만고 끝에 겨우 중, 고등학교를 마쳤습니다.

이 과정에서 부모로부터 아무런 지원을 받지 못한 채 생존을 위해 아무거나 닥치는 대로 일하면서 공부했습니다. 그러나 속으로는 '나는 이런 일을 할 사람이 아니야!' 라고 생각하며 현실을 인정하지 않았습니다. 이렇게 이상과 현실의 차이 때문에 열등감을 키우고 그 속에서 허우적거리며 자기연민과 학대, 우울 등으로 고통 받으며 살았습니다. 이렇게 좌절이 크면 클수록 배움에 대한 욕구와 갈망은 더욱 커졌습니다. 공부에 대한 열망이 컸던 표면적인 이유는 무지에서 벗어나고 싶었기 때문입니다. 결국 인생의 무지는 무능함과 가난함, 불행한 인생이라는 공식이 제 안에서 작용했습니다. 그러나 밑바닥의 근본적인 동기는 신분 상승에 있었습니다. 가난한 제가 사랑과 존경을 받으며 살 수 있는 길은 열심히 공부해서 성공하는 길 뿐이라고 생각했습니다.

집안에서도 버림받은 아이

어린 시절, 경제적으로 넉넉하지는 않았지만 기본적으로 먹고 살기에는 어려움이 없었습니다. 그러나 저는 마음의 고통이 너무나 컸기 때문에 음식의 맛을 다 잃어버린 '입이 짧은' 아이였습니다. 그것 역시 사랑받기 위한 몸부림이 아니었을까 생각됩니다. 음식을 먹지 않아 얼굴은 버짐으로 갈라져 있었고 핏기가 없으며 온 몸은 깡말랐습니다. 초등학교

수업 중에 몇 번이고 빈혈로 쓰러질 정도로 허약했습니다. 제가 입은 옷은 언제나 헌옷이었습니다. 형은 첫째라서 새 옷을 입히고 저는 형의 옷을 물려받았으며 동생은 새 옷을 사 주었습니다. 형과 동생은 이발소에서 예쁘게 머리를 깎아 주셨지만 저는 집에서 기계로 대강 깎아주셨습니다. 그래서 어릴 때 저의 소원 중 하나는 머리를 예쁘게 길러보는 것이었습니다. 그런데 머리카락이 자랄 때마다 아버지는 '바리깡'이라 불리는, 어린아이의 눈으로 보기에 정말 무시무시한 기계로 제 소원을 무참히 짓밟아버렸습니다. 그때마다 저는 벌거벗기우는 수치심을 느끼며 마음으로 울었습니다.

언젠가 아버지는 자고 있는 저를 깨웠습니다. 그리고 돈을 내놓으라고 하셨습니다. 저는 그저 멍하게 아버지를 보았습니다. '무슨 돈? 나는 돈을 만져본 적도 써 본적도 없고 쓸 줄도 모르며, 돈의 귀중함도 모르는 아이인데…' 저는 오직 당신의 사랑만 목마르게 바라보고 당신의 기대에 맞게 살려고 몸부림치고 있는데 이게 무슨 날벼락입니까? 저는 이해할 수 없었습니다. 아버지의 호통 소리에 저는 엉겁결에 일어나 함께 돈을 찾았습니다. 마치 제가 돈을 훔친 사람처럼 열심히 찾는 척 하였습니다. 그 순간은 저 자신도 돈을 훔친 사람처럼 믿어지는 혼란에 빠졌습니다. 그 후 아버지는 자신의 호주머니에서 돈을 발견하셨습니다. 그러나 제게 사과하기는 커녕 돈을 찾았다는 말씀조차 하지 않으셨습니다. 따라서 저는 늘 의심받는 느낌으로 살아야 했습니다.

더욱 더 저를 고통스럽게 했던 것은 집안에서의 아버지의 태도였습니다. 아버지는 저를 없는 사람으로 취급하거나 기껏해야 '종놈' 처럼 취급했습니다. 이런 대접을 받으면서도 아버지의 인정을 받기 위해 필사적으로 노력했고 가족의 한 일원이 되기 위해 애썼습니다. 하지만 모두가 헛수고였습니다. 식사할 때도 가족의 대화에서 소외되었고 밥을 먹고 나면 자연히 뒤에 혼자 웅크리고 앉아 있곤 했습니다. 동네 사람들이 우리 가족의 이러한 구조를 보고 의아한 나머지 저를 배척하는 이유를 어머니에게 여러 차례 묻기도 하였습니다. 특히 아버지의 친구들은 저를 학대하지 말라고 여러 차례 정중히 권고도 하셨지만 나아지는 것은 전혀 없었습니다.

어머니의 사랑과 이중성

아버지께 철저히 버림받은 저는 교회나 학교, 사회 등 그 어느 곳에서도 자신감을 상실한 채 살아갔습니다. 그 가운데서 저의 유일한 희망은 어머니였습니다. 어머니는 한평생 정의롭고 분명한 믿음으로 살려고 애쓰신 분이었습니다. 어머니는 고통스럽게 태어난 저를 더 사랑하셔서 특별히 돌보셨습니다. 그래서 어머니와의 초기 만남은 저에게 행복감을 안겨주었습니다. 아버지가 저를 학대할 때마다 제 편을 들어주시고 챙겨주셨기에 어머니를 통해 많은 위로를 얻곤 했습니다. 그러나 그 때문에 아버지와 어머니의 갈등은 점점 심해졌습니다. 그래서 어머니는 아버지 몰래 저를 챙겨주게 되었고 어머니와의 만남은 비밀스러워지게 되었습니다. 시간이 지나면서 어머니 역시 점점 저를 방치하기 시작했으며, 저를 챙겨줄 때마다 아버지의 눈치를 보면서 "아버지에게 잘해."라고 질책하시곤 했기에 저는 혼란과 당황스러움, 배반감을 느끼곤 하였습니다.

초등학교 2학년 때 바쁜 어머니의 관심과 사랑을 받기 위해 단식 투쟁을 한 적이 있었습니다. 금식 사흘째 아침, 잠자리에서 일어나 방안을 걷다가 빈혈로 쓰러지는 저를 보고 어머니가 "얘가 왜 이래?"라고 누나에게 물어보셨습니다. 순간 저는 분노가 치밀었습니다. '아니, 이럴 수가 있는가!' 물론 당시에 바쁜 어머님 대신 식사담당이었던 누나가 사흘 동안 굶은 것을 어머니께 이야기하지 않은 탓도 있지만, 한 집에 살면서 사흘간 밥을 먹지 않았는데도 이토록 관심이 없다니…. 정신이 혼미한 가운데 한 가닥 남아있던 기대조차

흔적도 없이 사라져버리는 허무한 느낌이 지나갔습니다.

'나는 안 되는구나. 그냥 죽는 것이 좋겠구나.'

이 세상에 아무런 소망도 없고 살 가치도 없다고 생각된 저는 그 자리에 쓰러지고 말았습니다. 그 순간 깊은 절망의 나락에 떨어졌으며 이 땅에서 제 존재가 소멸되는 느낌을 받았습니다. 사랑 받을 수 없다는 사실은 제게는 죽음과 같은 고통이었습니다. 그러나 이것이 현실인 것을 어찌하겠습니까? 그 이후 저는 마음 깊은 곳에서 아버지뿐 아니라 어머니에 대한 기대감마저 점점 버리게 되었습니다. 이것은 삶에 대한 모든 소망을 버린 것이었으며 그 후로 저는 죽은 아이처럼 살았습니다.

2) 사춘기

아버지와의 결별

저는 멸시받으며 컸기에 열등감이 많았고 그 열등감이 드러날까 봐 저만의 성을 더 높이 쌓아 그 속에 스스로 갇혀 지냈습니다. 초등학교 4학년 때부터는 외롭고 억울할 때마다 일기를 쓰곤 했는데 항상 한 해가 끝나면 일기장을 불태우면서 다시는 이런 눈물과 아픔을 반복하지 않으리라고 끊임없이 결심하였습니다. 그러나 지금도 기억나는 것은 이런 비참함 속에서도 저주와 비탄, 슬픔으로 시작되는 일기 내용이 마지막에는 항상 희망으로 끝나는 것이었습니다. 참으로 신기한 일이었습니다. 아마도 이것은 저의 무의식에서 작용하는 신앙의 힘이요, 하나님의 은혜이며 또 한편에서는 버려지고 외면당한 아이였던 제가 일찍부터 가지게 된 독립 의식 때문이 아니었나 생각해 봅니다. 사춘기가 되고 자아가 독립할 수 있는 힘을 가지면서 저는 제 방식대로 살아가고 싶었고 사랑을 구걸하는 삶은 더 이상 참을 수가 없었습니다. 따라서 독립하기 위해 점점 더 힘을 키우고 있었습니다. 이 모든 것은 심리적인 자립이지만 아버지 편에서는 반역이었습니다.

아버지에 대한 사랑의 갈망이 점차 사라지다가 결정적으로 포기하게 된 것은 중학교 3학년 때였습니다. 어느 날 밖에서 놀다가 집으로 들어서는데 아버지가 문 앞에서 기다렸다가 느닷없이 매를 들어 내리쳤습니다. 아버지가 저를 싫어하시기는 했지만 아무 때나 저를 때리시는 행동은 하지 않으셨는데 그때는 어떤 오해가 있었는지 매우 화가 나 있으셨습니다. 분위기가 무척 살벌하고 무서웠지만 매를 맞아야 할 이유가 납득되지 않은 저는 아버지의 매를 본능적으로 막았고 다시 때리려는 그 매를 손으로 잡고 아버지의 눈을 매섭게 쳐다보았습니다. 아마도 제 안에 키워진 독립심과 내재되어 있던 엄청난 분노와 악이 독기로 눈에 표현된 것 같습니다. 그 짧은 시간에 함께 서로 노려보던 두 사람의 눈에는 엄청난 충돌이 있었습니다. 결국 기가 질린 아버지는 매를 버리고 돌아서 버렸습니다. 이러한 아버지의 행동은 저를 포기하며 버린 것으로 느껴졌습니다. '너는 아들도 아니고 나와 아무 관계도 없어.' 그 순간 아버지가 너무나 무능하고 약한 사람으로 느껴졌습니다. '내가 저런 사람에게 그렇게 목을 매고 살았나?' 참으로 어이가 없었습니다. 바로 그때 아버지에 대한 환상과 인정받고 싶은 집착이 연기처럼 사라지면서 아버지가 참으로 작게 보였습니다.

그 후로 아버지에 대한 기대나 소망은 거의 갖지 않게 되었습니다. '당신은 당신, 나는 나'라는 아버지와의 결별의 선언이 제 안에 있었습니다. 마음 깊은 곳에 아쉬움과 허함은 여전히 남아 있었지만 내가 나 자신을 책임져야 하는 고독한 인생의 길이 저의 삶인 것 같았습니다. 그러나 어떻게 삶을 세워야 하는지, 어떤 길을 선택해서 살아야 할지 알 수 없었고, 답답한 심정으로 누군가의 도움을 기다리는 안타까

움만이 제 안에 가득했습니다. 저는 아직 자신이나 다른 누구를 사랑할 만한 힘이 없었습니다. 다만 제 인생을 버리거나 포기해서는 안된다는 막연한 삶의 본능, 이렇게 살다가 죽을 수 없다는 인생에 대한 오기와 자존심으로 삶을 버텨 나갔습니다.

3) 삶에 새겨진 상처

열등감의 상처들

이런 마음의 상처들 때문에 저는 깊은 열등감으로 점철된 삶을 살았습니다. 참으로 마음 아픈 것은 사랑받지 못하고 거절 받아 마음에 상처가 생겼고 그 상처로 인해 열등감이 생겼는데, 그 열등감을 숨김으로써 병리적인 아픔들과 인격장애의 고통까지 겪어야 했다는 것입니다. 또한 이런 모습 때문에 대인관계에서 자신감을 가질 수 없었고 그로 인해 더 깊은 상처를 받는 악순환이 계속되었습니다. 그동안 저의 삶을 힘들게 했던 열등감들을 나열해 보면 다음과 같습니다.

첫째는 부정적 정서가 마음에 가득했습니다. 언제나 마음 깊은 곳에는 '나 같은 것이…' 라는 연민과 낮은 자존감, 삶에 대한 좌절감, 그리고 제 존재에 대한 부끄러움과 수치감이 가득했습니다. 저는 살아야할 가치를 발견할 수 없었고 '나 같은 것이…' 라는 자기비하가 제 마음 전체를 지배하였습니다. 20대 초에 서머셋 모음이 쓴 『인간의 굴레』라는 책을 읽고 나서는 마음이 더 무거웠습니다. 그 책은 주인공이 과거의 모든 불행을 다 씻고 새로운 삶으로 나아가는 모습으로 끝이 납니다. 그런데 저는 그렇지 못했습니다. 그래서 제 인생에 대해 연민을 가득 품고 '나는 언제쯤이면 인간의 모든 굴레를 벗고 자유로운 삶을 살 수 있을까? 내 희망은 언제쯤 어디에서 시작될까?' 생각해 보게 되고, 한편으로는 제게 그런 축복은 일어날 것 같지 않은 부정적 생각에 사로잡힐 때가 많았습니다. 그래서 대인관계에 자신이 없었고, 똑똑해 보이며 부유해 보이는 사람이 있으면 주눅들어하곤 하였습니다.

뿐만 아니라 아버지에 대한 상처 때문에 권위자를 두려워하며 적극적인 관계를 갖지 못하고 주위에서 맴돌며 아버지에 대한 분노를 투사하여 적개심과 거부의 감정을 가지고 살았습니다. 이러한 감정 때문에 저는 누군가를 죽이고 싶은 살의가 늘 마음 깊이 도사리고 있었습니다. 이 얼마나 무서운 부정적 정서인지요.

둘째는 저의 외모인데, 어릴 때는 키가 작은 것이 가장 심각한 열등감이었습니다. 초등학교 1, 2학년 때에는 제일 컸는데 그 이후 키가 자라지 않았습니다. 아마도 부모님이 키가 작으셨고, 제가 잘 먹지 못한 탓도 있었을 겁니다. 키가 작은 것은 정말 심각한 고통이었습니다. 사람은 외모를 보고 판단하기 때문에 키가 작은 것 그 자체가 저에게는 또 다른 상처가 되었고 무력감과 거절감을 경험하게 하였습니다. 기본적으로 대인관계에 대한 상처가 있는데다가 키까지 작으니 사람들의 무시와 외면의 대상이 되는 것 같아 괴로웠습니다. 저는 이 열등감을 20대 초반까지 가지고 살았습니다.

40대 중반의 열등감은 배가 나온 신체적 열등감이었습니다. 사람들은 몸매가 날씬한 사람에게 자기 관리를 잘한다고 생각하며 매력을 느끼는데 뚱뚱한 모습은 제가 봐도 답답했습니다. 그래서 다이어트를 해보았지만 그게 쉽지가 않았습니다. 저는 왜 다이어트가 잘 안될까 고민하면서 저의 내면을 살펴보았습니다. 분명 저의 의식은 다이어트를 해야 한다는데 동의하고 있습니다. 그런데 문제는 저의 무의식이었습니다. 제가 무의식중에 신체적인 모델을 삼은 분은 저의 아버지였습니다. 아버지는 배가 나왔고 그 당시에는 뚱뚱한 것이 '부유함과 넉넉함'의 상징으로 이해하였습니다. 따라서 저도 배가 나온 저를 상상하면서 아버지와 저의 신체를 동일시하였으니 어찌 다이어트가 되겠습니까? 저의 이런 내면을 알고 있던 중 우연한 기회에 CTS TV의 상담특강에 여러 차례 강의하게 되었고 또 CBS TV의 '새롭게 하소서'에 출연하여 저의 삶을 소개하게 되었습니다. 이때 여러 시청자들의 권면에 따라 저는 통합된 마음을 가지고 다이어트를 시작하게 되었습니다.

셋째는 지식 콤플렉스인데 이것은 어릴 때 제대로 공부하지 못한 것 때문입니다. 가난과 온몸으로 싸우며 스스로 학비를 벌어 공부해야만 했던 저는 초, 중, 고등학교 과정을 '천신만고' 끝에 마칠 수 있었습니다. 공부를 제대로 하기 시작한 것은 대학 이후의 일이었습니다. 그래서 때때로 저보다 공부, 특히 영어를 더 잘하거나 저보다 더 좋은 대학을 나온 사람이 있으면 순간 주눅들어하는 저를 느낄 때가 있습니다. 옛날 대학 강사시절, 출강하던 대학에서 개강 때 교수 소개를 하는데 바로 제 앞에 소개된 교수가 하버드 대학 출신이었습니다. 순간 비교되는 마음이 들면서 낙담되고 나 자신이 작아지는 느낌이 들었습니다. 그러나 이러한 마음을 진솔하게 만나 스스로 위로해 주면서 저의 실력을 확인하며 자부심을 회복하였습니다.

넷째는 방위 출신인 것입니다. 처음에는 방위인 것이 기뻤습니다. 그러나 군대에서의 방위는 인간대접을 받지 못합니다. 그래서 혹자는 "저기 사람하고 방위 간다."라고 말하기도 합니다. 저는 방위 행정을 맡아 150여 명의 방위병들을 지휘했지만 실제로는 아무런 권한이 없었고 오직 현역병에게만 행정적인 권한이 있었습니다. 이 과정에서 받은 수모와 비인간적인 대우, 그리고 기합과 폭력 등은 저의 열등감을 가중시켜 삶을 밑바닥까지 흔들어 놓았습니다. 저는 억울하여 소리쳤습니다. '현역으로 가고 싶다고….' 방위는 제게 무서운 열등감의 화신이 되어 30대 초반까지만 해도 다시 방위로 소집되어 군대에 가는 악몽을 꾸었고 그때마다 식은땀을 흘리곤 했습니다.

끊임없이 계속되는 상처들

저는 최근 몇 년 동안에도 여러 가지 마음 아픈 사건을 많이 경험하였습니다. 어머님께서 철야기도 중에 뇌출혈로 쓰러지신 것, 저와의 오해나 성도들 간의 오해로 성도들이 교회를 떠나는 사건, 교회의 체제를 새롭게 정비하는 과정에서 교역자 간에 사소한 오해가 생겨 교역자 한 분이 사직을 하게 되었고 이 과정에서 교역자의 집단적 사임으로 까지 번

진 사건 등…. 저는 제 나름의 최선을 다한 사랑과 섬김이었지만 돌아오는 것은 아픔이었으니 참으로 고통스러웠습니다. 저는 이러한 모든 아픔들을 의연하게 수용하고 받아들이려 하다가도 순간순간 제 안에서 일어나는 섭섭함과 미움, 원망들로 더욱 외로움을 느꼈습니다. 저는 흔들리는 마음을 붙잡고 이런 감정들이 저와 그들 사이의 관계를 파괴하지 못하도록 하나님께 엎드려 기도했습니다. 이런 과정을 통하여 사람들을 좀 더 사랑으로 바라볼 수 있는 힘을 얻었습니다.

그렇습니다. 산다는 것은 상처를 입는 것이기에 아무리 상처를 받지 않고 살려고 해도 인간의 한계와 연약함으로 인해 계속 상처 받을 수밖에 없는 것이 현실입니다. 그래서 중요한 것은 상처를 입지 않는 것이 아니라 상처를 바라보는 시각입니다. 인생은 누구나 상처의 짐을 가지고 있습니다. 그 짐은 자신의 자존감을 산산조각 내버린 말과 경험들로 꾸며집니다. 사람들은 상처를 입으면 상처로 뚫린 구멍과 충격, 깨진 조각의 아픔을 감추려고 애씁니다. 인생은 각자의 상처 유출물이 있습니다. 이것은 흉터 조직이 아닙니다. 흉터 조직은 상처유출물에 비해 상대적으로 가볍고 피상적입니다. 상처 유출물은 인생의 근본인 자아상과 자존감에 막대한 타격을 입힙니다.

상처의 정도는 사람에 따라 다릅니다. 어떤 사람들은 그저 작은 찰과상만 있을 뿐입니다. 그러나 또다른 사람들은 심각한 열상, 심지어 생명까지 위협하는 상처가 있습니다. 그런 상처들은 수년 안에 정신적 쇼크와 극적 사건을 야기하게 만들며 때로는 남은 생을 평생 그렇게 보내기도 합니다.

앞으로도 살아 있는 한 상처는 계속되겠지만 저는 상처가 아픔이 아니라 성숙의 기회가 될 수 있는 좋은 기회이자 축복임을 제 인생과 말씀을 통해서 분명히 깨달았습니다. 그리고 미래에도 상황은 제가 원하는 대로만 펼쳐지지 않겠지만 상황에 대한 태도는 제가 선택할 수 있으므로 그 어떤 순간이라도 부정이나 좌절의 마음이 아닌 긍정과 수용, 감사와 기쁨을 가지고 웃으며 행복하게 사는 축제의 인생을 살아가려 합니다.

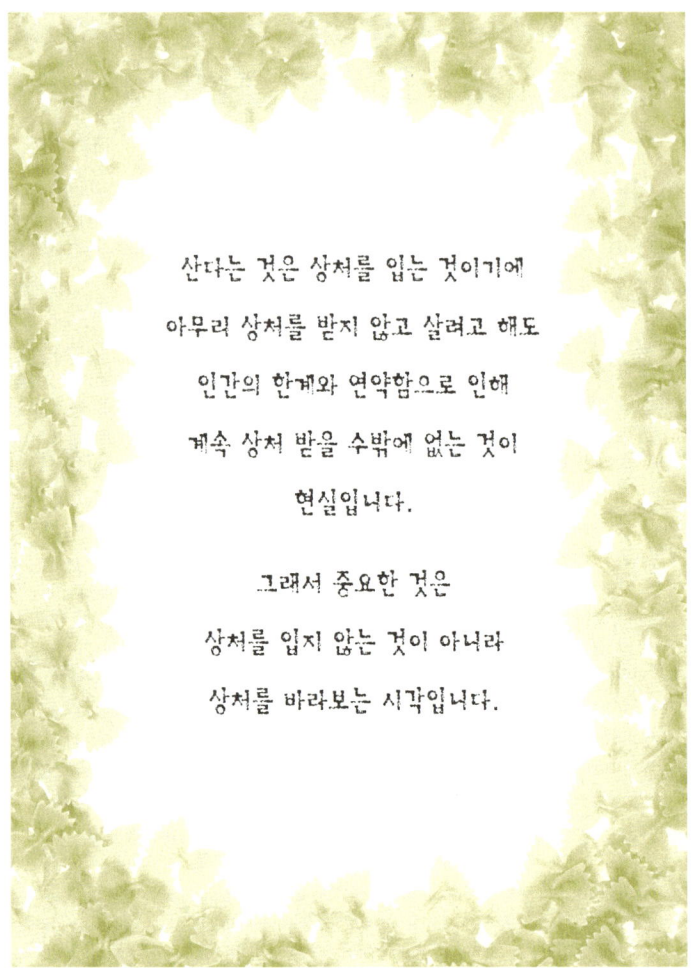

산다는 것은 상처를 입는 것이기에
아무리 상처를 받지 않고 살려고 해도
인간의 한계와 연약함으로 인해
계속 상처 받을 수밖에 없는 것이
현실입니다.

그래서 중요한 것은
상처를 입지 않는 것이 아니라
상처를 바라보는 시각입니다.

2. 나의 상처 치료 이야기

삶의 모든 영역의 속박에서
내 육체와 영혼이 훨훨 벗어나기 원합니다.
그러나 실상은 그렇지 못합니다.

2

  삶이란 실망과 못다 이룬 소원으로 얼룩진 포로 상태입니다. 삶은 나의 욕망대로 움직여주지 못하기에 몸의 포로입니다. 인생은 진정으로 자유를 동경하지만 실제 그렇지 못하기 때문에 심령의 포로입니다. 더 나아가 세상을 품은 그리스도인답게 살고 싶어도 자신의 욕망과 습관, 시대의 문화와 사회경제적 어려움에 얽매이는 영혼의 포로입니다.

  우리 모두는 삶의 모든 영역의 속박에서 내 육체와 영혼이 훨훨 벗어나기 원합니다. 그러나 실상은 그렇지 못합니다. 하지만 포로 상태의 슬픔과 절망을 알수록 그만큼 밝은 여명을 고대할 수 있습니다. 불현듯 한순간에, 내 삶 속에 침투해 들어와 내인생을 송두리째 뒤바꿔놓는 사랑의 불빛 그 따뜻하며 신비로운 불빛으로 침투해 들어오시는 하나님을 말입니다.

저는 하나님이 내 영혼을 구속하시는 것을 보고 온 몸으로 경험하였습니다. 하나님으로부터 흘러오는 그 소망의 빛이 내 인생을 어둠에서 빛으로 서서히 이끌었습니다. 그때부터 내 삶은 회복과 존귀함, 행복, 자유를 알아가기 시작했습니다. 그래서 내 삶을 더더욱 포기할 수 없었습니다. 마음의 치유는 결코 기계적인 과정이 아니며 소수의 사람들만이 도달할 수 있는 신비의 돌파구도 아닙니다. 마음의 치유는 처절한 선택을 필요로 합니다. 무섭고 부질없는 선택 같지만 일단 마음이 하나님의 은혜에 사로잡히면 그 길을 피할 수는 없습니다.

저는 인간관계 속에서 마음에 깊은 아픔과 고통을 품고 성장하였습니다. 그 누구에게도 사랑 받아본 느낌이 없기 때문에 어릴 때부터 우울함과 패배감에 젖어 있었으며 세상과 사람에 대한 원망과 분노가 가득하였습니다. 정말 힘들기만 한 제 삶에 대한 생각과 고민이 많아 항상 인상을 쓰고 다녀서 초등학교에 들어가기 전부터 이마에 깊은 주름이 패인 아이였습니다. 그런 와중에서도 마음 한편으론 막연히 무엇인가 기대를 가지면서 살았기에 저 자신을 완전히 포기하지는 않았습니다. 인생을 포기할 만도 한데 포기하지 않고 미래에 대해 소망과 기대를 가지고 산 것은 정말 하나님의 은혜라는 생각이 듭니다. 아버지 때문에 하나님을 원망하며 신앙을 버리고 살았던 때도 있었지만 그래도 마음 깊은 곳에 있던 신앙의 힘이 저를 움직였습니다.

1) 상처치료 과정

페스탈로찌와의 만남

부모로부터 완전히 버림 받았던 저는 다른 사람들을 대할 때에도 자신감이 없었고, 인간관계에 대한 어떤 기대감도 없이 바보처럼 살았습니다. 그리고 제 속에 깊이 숨어 지내며 그나마 책을 읽을 때에만 나 자신을 조금 열어놓곤 하였습니다. 그리고 책과 대화하며 점점 더 깊은 사색으로 내 세계를 만들어 갔습니다.

그러던 중, 초등학교 5학년 때 페스탈로찌의 전기를 읽다가 자신의 자녀가 아닌데도 불구하고 고아들을 진실한 사랑과 헌신으로 섬기는 페스탈로찌의 삶을 보았습니다.

'아니, 버려진 고아들에게 순수한 사랑으로 자신의 인생과 삶을 쏟아 붓다니!'

그의 삶이 제 인생에 위로와 빛을 주었습니다. 꼭 부모, 자식의 관계가 아니라 하더라도 사랑을 주고받을 수 있는 관계가 세상에 존재한다는 것이 제게는 놀라움이요, 희망이었습니다. 그래서 페스탈로찌처럼 고아원이나 공동체를 만들어 참사랑의 교육자가 되어 평생을 살기로 결심하였습니다. 이때부터 저는 살아야 할 한 줄기 소망의 빛을 보았습니다. 그때까지 제 마음속에는 가족이 없고, 형제가 없었기에 이제는 페스탈로찌와 같은 순수한 사랑으로 만난 형제, 사랑의 아버지, 사랑의 가족을 찾고 싶었습니다. 이때부터 나는 텅 빈 내 마음에 채울 새로운 아버지를 찾는 삶의 여정을 시작하게 되었습니다. 내가 찾는 아버지는 나를 온전히 사랑해주시는 따뜻한 아버지이자 인격적인 스승이었습니다. 그 이후 저는 진정한 공동체를 위해 몸부림치는 여정을 걷게 되었습니다.

예수님과의 인격적인 만남

저에게 많은 상처를 주신 제 아버지의 직업은 목사였습니다. 저도 사춘기 이전까지는 상처와 함께 기독교 신앙을 받아들였습니다. 특별히 늘 기도의 삶을 사시는 어머님과 자주 산기도에 동행했기에 소년시절에는 여러 가지 신비한 영적 체험도 많았습니다. 그러나 사춘기에 이르러서는 아버지에 대한 분노가 점점 커져 마음속에 적개심을 품고 살았고 급기야 반항심에 신앙까지 버리게 되었습니다. 믿음까지 흔들린 이 방황의 시간들은 제게 너무나 큰 고통이었습니다. 신앙을 버린 저는 20살이 되던 무렵 견딜 수 없는 영적 갈급함과 공허한 마음을 채우기 위해 기독교가 아닌 다른 종교나 사상을 찾았습니다. 아마도 사람에게서 얻지 못한 사랑과 인정을 다른 무엇을 통해서라도 채우려는 욕구 때문이었던 것 같습니다.

인생의 상처와 아픔에 대해 위로와 소망을 줄 수 있는 어떤 진리가 있지 않을까 기대하는 마음으로 세계의 8대 종교를 연구하기 시작했습니다. 6개월 정도 연구했지만 다른 종교에서는 인생의 해답을 발견할 수 없었습니다. 많은 배움과 깨달음을 얻었고 풍부한 지식을 가지게 되었지만 웬일인지 저의 인생을 의탁할 수 있는 절대 진리, 제 삶을 강하게 붙드는 메시지는 만날 수 없었습니다. 그때 문득 제가 버렸던 기독교를 다시 연구해 보고 싶은 마음이 일어났습니다. 지금 생각해보면 이것은 참으로 하나님의 은혜입니다.

어느 날 국립 중앙도서관에서 공부하던 중 갑자기 성경이 보고 싶었습니다. 도서관에서 성경을 대출하여 읽기 시작하는데 무심코 펼친 부분이 요한복음 14장이었습니다. 1절부터 읽어가다가 6절에서 그만 충격을 받았습니다.

"예수께서 가라사대 내가 곧 길이요 진리요 생명이니 나로 말미암지 않고는 아버지께로 올 자가 없느니라"

저는 망치로 머리를 맞은 듯 아득함을 느꼈습니다. 그 누구도 이렇게 말한 사람이 없었기 때문입니다. 너무나 확신에 찬 예수님의 말씀이 한 순간에 저를 사로잡았습니다.

'자신이 진리라고 말하는 예수, 그는 미친 사람인가? 아니면 이 말이 진실이란 말인가?'

아무리 생각해도 예수님을 미친 사람으로 볼 수는 없었습니다. 밤새 고민하던 저는 새벽에 자취하던 집 근처의 교회에 나가서 기도하기 시작했습니다. 하나님이 정말 살아 계시다면 저를 만나달라고, 답답함과 갈급함을 가지고 진실한 마음으로 간절히 기도했고 하나님은 제 마음에 평안으로 응답하셨습니다.

그날 이후 신앙에 대해 회의적이었던 제 마음속에 새로운 믿음의 기운이 움트기 시작했습니다. 그 후 4년이 지나고 방위에서 소집해제 된 후 인생의 방향에 대해 고민하면서, 어릴 때의 꿈대로 사범대학을 갈 것인가, 아버지의 뜻대로 돈을 벌기 위해 경영학을 계속 공부할 것인가를 놓고 고민하게 되었습니다. 저는 인생의 진로를 좀 더 진지하게 찾고 싶은 마음에 수원에 있는 한 기도원으로 갔습니다. 그리고 모든 욕심을 버리고 자신과 더 깊이 만나 정말 제가 가야 할 길을 찾고 싶어서 단식명상을 시작했습니다. 3일째 되던 날 너무 힘이 없어서 산에 가지 못하고 예배당 바닥에 힘 없이 앉아 있는데, 십자가에 달리신 주님의 모습이 비몽사몽간에 보이며 "내가 너를 사랑하노라." 하는 음성이 들리는 것이었습니다.

그 순간 형언할 수 없는 감동이 제 가슴에 밀려들어 왔습니다. 예수님께서 십자가에 달려 죽으심이 오직 저만을 향한 간절한 사랑으로 가슴에 새겨졌습니다. 어릴 때부터 늘 들어오던 전혀 새롭지 않은 이야기가 너무나 또렷이 엄숙한 사실로 다가왔습니다. 저를 향한 예수님의 무한한 사랑에 충격과 감동을 받아 어찌할 줄을 몰랐습니다. 평생 느껴보지 못한 행복이었습니다. 한 번도 채워지지 않았던 제 빈 가슴이 예수님의 사랑으로 물 붓듯 넘치게 채워지는 순간이었습니다. 그러나 이내 믿어지지 않는 차가운 감정이 스쳐갔습니다.

'이 모든 것은 사실이 아니야. 너 자신을 위로하기 위해 지금 상상하고 있는 거야!'

환희와 어두움, 기쁨과 불신의 양가감정 사이에서 잠시 고통스러워했지만 마침내 압도하는 그 진실한 사랑 앞에 굴복하지 않을 수 없었습니다. 그리고 예수님에 대한 감사와 감격이 내 가슴을 덮치는 그 순간 지금까지 지은 죄들이 십자가 뒤로 파노라마처럼 지나가는 것을 보았습니다. 죄인된 저의 실상이 주님의 죽으심 뒤에 가려지고 용서되었음을 보며 얼마나 울었는지요. 사랑과 환희 그리고 참회의 눈물을 5일간 흘렸습니다. 그동안 쌓여 있던 한과 모든 아픔들이 녹아내리는 은혜의 치료가 내면에서 일어났습니다.

예수 그리스도의 죽으심이 저를 위한 죽음이요, 그분 안에 영원한 안식이 있음을 느낄 수 있었습니다. 텅 빈 마음에 하나님의 사랑이 채워지는 바로 그 순간, 부모와 세상으로부터 그토록 찾고 찾았던 참사랑이 바로 하나님으로부터 오는 것임을 알게 되었습니다.

"참사랑은 여기 있나니 우리가 하나님을 사랑한 것이 아니요, 오직 하나님이 우리를 사랑하사 그 아들을 화목제물로 보내셨음이니라." 사랑, 진실한 사랑, 그것은 평생을 통해서 그토록 얻고 싶었던 것이었습니다. 그런데 가장 귀한 분이 진실함과 깊은 정성으로 저를 사랑하셨습니다. 그 사랑은 제 마음의 상처와 질병이 아무리 많다 해도 한꺼번에 치료하기에 부족함이 없었습니다. 정말이지 감격하고 또 감격했습니다.

"예수 나를 위하여 십자가를 질 때, 세상 죄를 지시고 고초 당하셨네. 예수여, 예수여 나의 죄 위하여 보배피를 흘리니 죄인 받으소서."

끝없는 찬송과 감격의 기도로 그 시간들을 보냈습니다. 다음날 아침 눈을 뜨니 세상과 자연을 보는 느낌이 새로웠습니다. 정말 신기하게도 모든 것이 새롭게 보였습니다. 어제까지도 저의 마음에는 불안과 근심, 자신에 대한 연민과 세상에 대한 적개심으로 가득 차 있었습니다. 그것이 인생인 줄 알았습니다. 그러나 예수님과 함께 위로부터 다시 태어나니 모든 것이 새로웠습니다. 나뭇잎을 스치는 바람과 흐르는 시냇물은 어제와 동일했고 태양이 떠오르는 것도 같았지만 저의 느낌은 달랐습니다. 하늘을 보는 느낌이 달랐고 땅을 밟는 느낌이 달랐습니다. 바람이나 흐르는 시냇물도 "하나님은 너를 사랑해."라고 속삭이는 듯 했으며 우주가 나를 향한 하나님의 따뜻한 사랑으로 가득 채워져 저를 주목하는 듯한 느낌이었습니다. 똑같았는데 달랐습니다. 제가 달라진 것입니다.

그때부터 죽음이 아닌 영원한 생명 가운데 사는 사람이

되었습니다. 과거에는 자기중심적이고 이기적인 사람이었기에 쉽게 상처받으며 쉽게 상처를 주었습니다. 권위에 대한 저항이 있으면서도 권위주의에 젖어 있었고 형식을 싫어하면서도 형식을 놓지 못하는 이중적 삶에 익숙해 있었습니다. 저의 삶은 온통 오해와 증오, 독선, 시기, 살인, 분노, 적개심, 불신 등으로 가득 찼기에 인격적인 하나님과의 만남은 제 인생에 도전과 충격을 주었습니다. 하나님은 무조건적인 사랑과 용서, 축복으로 저를 맞이해 주셨습니다.

일반적으로 부모로부터 사랑을 받은 사람은 다른 사람과의 관계에서 사랑을 잘 나누고 하나님의 사랑도 잘 수용하고 신뢰합니다. 반면에 사랑을 늘 받아왔기에 하나님의 사랑에 대해서 큰 감동과 기쁨은 작습니다. 그러나 부모로부터 사랑을 받지 못한 사람들은 하나님의 사랑을 신뢰하기가 어렵지만 한번 신뢰하게 되면 깊이 있게 그 사랑을 수용함으로 엄청난 치료의 힘을 발휘하게 되는 것 같습니다. 나의 경우가 그랬습니다.

거대한 자기 의가 무너짐

하나님과의 감격스런 만남 이후 저는 사랑의 소명을 당연한 것으로 받아들였고, 그것을 위해 제 생애를 불태우다가 죽기로 각오하였습니다. 사랑받지 못한 고통을 가슴에 끌어안고 살던 저에게 하나님은 무조건적인 사랑을 부어주셨고 죽기까지 사랑하신 그 사랑을 다른 사람들에게 나눠주라고 사랑의 소명을 명령하셨습니다. 그때 목회자로의 부르심을 확인하고 제 인생을 드리기로 결단했습니다. 그래서 저는 불같은 열정으로 사람들을 사랑해 보려고 애썼고 전인적으로 사람을 돕는 아름다운 공동체로서의 교회를 세워 보려 노력하였습니다.

그러나 저는 하나님의 구원이 오직 제게만 베풀어진 특권처럼 생각하는 오해를 하고 있었습니다. 제게 남다른 그 무엇이 있기 때문에 하나님이 저를 구원하셨다는 우월감이 마음에 밀려오기 시작하면서 제가 남다른 사람임을 보여주고 싶었습니다. 그래서 스스로 노력하여 구원의 수준을 유지하고자 애쓰게 되었습니다. 하나님이 보시기에 저를 구원하고 사랑하신 것이 올바른 결정이었다고 확인시켜드릴 뿐 아니라, 저 자신이 중요하고 가치 있는 사람이라고 스스로 확신하고 싶었던 것입니다. 이것은 표면적으로는 하나님의 뜻대로 거룩하게 살려는 것 같았으나 실제로는 스스로를 더욱 경건하게 만들어 자신을 돋보이게 하려 했던 율법주의적인 인정욕구였습니다.

그 당시 제 의를 지키기 위한 방법은 '성경연구'와 '금식 기도'였습니다. 특별히 금식 기도를 통해 거룩한 마음과 깨끗한 느낌을 받고자 열심히 노력했습니다. 또한 '산기도'와 '금욕적 고행'을 통해서 저의 의로움을 유지하여 하나님의 사랑이 저에게 머물도록 온갖 노력을 다했습니다. 하지만 결과는 늘 실패였습니다. 그런데 하나님은 저를 불쌍히 여기셔서 제게 은혜를 베푸셨습니다. 그때는 그것이 하나님의 은혜인지도 몰랐습니다. 저는 은혜를 배척하고 스스로가 고상하고 정결한 느낌을 갖고 싶어 틈나는 대로 일주일 금식 기도, 매일 아침 금식 기도, 철야기도, 선행과 봉사, 헌신을 수없이 계속하면서 하나님 앞에 당당하려 했습니다. 그러나 하나님은 어리석은 저의 행동을 스스로 깨우칠 때까지 참고 기다리시는 은혜를 저에게 베푸셨습니다.

처음 금식 기도했을 때의 느낌은 구름 위에 앉은 것 같은 깨끗함과 환희, 그리고 세상으로부터의 초연함이었습니다. 금식기도 후 하산하면 세상이 두렵지 않고 오히려 세상이 한줌에 들어오는 담대함까지 있었습니다. 하지만 반복해서 죄를 짓고, 또 그 죄에서 해방되기 위해 반복적으로 행하는 금식기도는 더 이상 깨끗함도, 신선함도 느낄 수 없었습니다. 이렇듯 거룩한 삶을 위해 처절한 노력을 계속했지만 저 자신에 대해 청결한 느낌이 지속되지는 못했습니다. 답답한 가슴을 안고 괴로워하던 어느 날, 히브리서 6장 4-6절의 말씀을 읽게 되었습니다.

"한번 비췸을 얻고 하늘의 은사를 맛보고 성령에 참예한 바 되고 하나님의 선한 말씀과 내세의 능력을 맛보고 타락한 자들은 다시 새롭게 하여 회개케 할 수 없나니 이는 자기가 하나님의 아들을 다시 십자가에 못 박아 현저히 욕을 보임이라."

'아! 나는 범죄하고 회개하고, 또 범죄하고 또 회개하였는데…' 저는 그만 충격을 받았습니다. 저의 삶은 개가 토했던 것을 다시 먹고, 돼지가 씻었다가 그 우리에 다시 들어가는 것처럼 죄악의 반복적인 생활이었습니다. 그런데 성경은 이런 저의 모습에 대해 다시 새롭게 하여 회개케 할 수 없다고 선언하고 있었습니다. 저는 어찌해야 좋을지 몰랐습니다. 히브리서에 관한 주석과 '용서할 수 없는 죄'에 대한 각종 서적을 닥치는 대로 구해서 읽어도 마음을 시원하게 해결해주는 책이 없었습니다. 3개월 정도 심각하게 제 삶을 고민하는 동안 저는 구원의 희망을 잃어버렸습니다.

사람이 견디기 가장 힘든 고통이 있다면 그것은 희망을 잃어버리는 것입니다. 내일에 대한 소망이 없다면 오늘 하루를 산다는 것이 무의미하고 그 자체가 고통일 것입니다. 어찌 보면 희망을 잃어버리는 것은 죽음보다 더 무서운 것입니다. 그래서 덴마크의 실존철학자 키에르케고르는 절망을 '죽음에 이르는 병'이라 불렀습니다. 희망을 잃어버리면 살아도 죽은 것이나 마찬가지이고 결국 죽게 될 것이라는 의미입니다. 상처 입은 내 삶의 유일한 희망이었던 구원에 대한 소망을 잃어버린 저는 서서히 죽어갔습니다.

아버지로부터 버림받은 인생이란 생각이 들었을 때도 죽고 싶은 마음은 없었습니다. 언젠가는 사랑을 회복하리라는 기대와 희망을 놓지 않았기 때문입니다. 또 중학교 3학년 이후 완전히 아버지로부터 돌아서고 난 뒤에는 내 인생이 너무도 억울해서 그냥 죽을 수 없었습니다.

그런데 이때는 달랐습니다. 제 인생에 숭고하고 순수한 사랑을 주신 하나님이 그 사랑을 거두어 가신다고 생각하니 저는 하루도 더 살 수가 없었습니다. 제게는 하나님이 전부였습니다. 그런데 하나님이 죄 때문에 저를 버렸다고 생각하니 저의 삶은 칠흑 같은 어둠뿐이었습니다. 온 몸에 죽음의 그림자가 엄습하기 시작했습니다. 저는 실연당한 자처럼 모든 것을 잃었습니다. 저의 소망은 천국이고 하나님의 사랑과 인정이었는데 하나님이 저를 버렸다고 말씀하시는 것 같으니 아무런 힘이 없었습니다. 이제 죽어도 지옥 갈 인생이니 삶은 의미가 없었고 아무런 소망이 없었습니다.

내일이 없는 삶, 미래가 보장되지 못한 인생은 살 가치가 없다는 생각이 들었습니다. 그래서 죽기로 결심하고 어떻게 죽을 것인지 그 방법을 3개월 정도 고민했습니다. 아무렇게나 죽을 수는 없었습니다. 왜냐하면 그래도 제가 목사의 아들인데 마지막까지 하나님께 누를 끼칠 수가 없었기 때문입니다. 다만 살아야 할 가치가 없는 인생이기에 아무도 모르게 조용히 죽어야겠다는 생각뿐이었습니다. 온갖 궁리를 다 한 끝에 결심한 방법이 물에 빠져 죽는 것이었습니다.

그래서 한강대교를 찾아갔습니다. 그때가 1980년 11월이었습니다. 다리 위에 도착했을 때 늦은 시간은 아니었지만 초겨울이라 해가 일찍 져 어두웠습니다. 아래를 내려다보니 물이 한없이 깊게 느껴졌습니다. '이제 한 번 떨어지면 내 인생은 끝이로구나!' 하는 생각이 스쳐가면서 청춘의 허무함과 인생무상이 가슴 깊이 밀려 왔습니다. 밤이 되기를 기다리면서 차가운 바람을 맞고 있었습니다.

그런데 갑자기 살고 싶은 욕구가 마음속에서 희미하게 피어오르기 시작했습니다. 한편으로 그런 저를 한없이 불쌍하게 여기면서 이런 저런 생각으로 온갖 상념에 빠져 있다가 드디어 결심을 굳혔습니다. 그리고 아래로 뛰어내리려고 난간 위로 한발을 올리는데 문득 인기척이 느껴졌습니다. 옆에는 작업복을 입은 한 중년 남자가 수상쩍다는 표정으로 저를 계속 쳐다보고 있었던 것입니다. 순간 움찔하는 마음에 자리를 피하여 옆으로 옮기면서 '오늘은 날이 아니로구나!' 하는 생각이 내게 안도감을 주었습니다. 그러나 또 한편으로는 죽기 싫어하는 나를 바라보며 씁쓸한 마음을 안고 흑석동 고개로 걸어 나왔습니다. 힘없이 한강교를 걸어 나오는데 순간 이런 생각이 지나갔습니다.

'내가 이토록 처절한 심정을 가지고 하나님께 나아가 그분께 내 죄를 아뢰고 그분의 도움을 구한다면 그래도 하나님이 나를 외면하실까?'

그런데 불현듯 '하나님은 그런 분이 아닐 거야!' 라는 위로가 스쳐가는 것이었습니다. 이때 실낱같은 소망을 느꼈고 그 소망은 새로운 용기가 되었습니다. 그때 문득 말씀이 기억났습니다.

"하나님의 노염은 잠간이요 은총은 평생이로다 저녁에는 울음이 기숙할찌라도 아침에는 기쁨이 오리로다"(시 30:5).

'그래, 그분이 나를 외면해도 그분 앞에 가서 엎드리자. 죽어도 그분 앞에서 죽자.'

다시 마음을 정하고 금식 기도하다 죽으리라는 결심으로 수원에 있는 한 기도원에 갔습니다. 그곳은 제가 하나님과 새롭게 만난 곳이요, 소명을 확인한 기도원이기에 특별히 마음이 가는 기도원이었습니다. 이곳에서 여러 차례 일주일 금식 기도와 집회에 참여 했었고, 여러 차례 설교도 했었습니다. 하지만 지금은 마지막 길이라 차분한 마음으로 올라가 깨끗하고 조용한 방을 구하고 싶었습니다.

그런데 웬일인지 그날따라 관리 집사님이 독방은 없으니 다른 분과 같이 쓰라는 것이었습니다. 그것도 금식 기도를 하지 않는 사람과 같이 써야 하고 또 40일 금식 기도는 할 수 없으니 그리 알라고 차갑게 말을 내뱉고 나가 버리는 것이었습니다. 마음이 좀 상했지만 참고 그 방으로 가서 먼저 계시던 분과 인사를 하고 함께 지내게 되었습니다. 하루, 이틀, 사흘…. 아침에 기도하고 산책하며 성경을 보면서 쉬고…. 산속의 초겨울이라 춥기도 하지만 떨어지는 낙엽을 보면서 내 인생과 비슷한 것처럼 느껴져 착잡하기만 했습니다.

그런데 사흘째 오후 난데없이 식당에서 봉사하는 한 분이 옥수수를 가지고 와서 드시라고 내어 놓는 것입니다. 저는 금식 기도를 하니 먹을 수 없다고 정중히 거절했습니다. 그랬더니 그러면 같이 계신 분이 식사를 하시니 그분께 드리라고 당부하며 옥수수를 놓고 가는 것입니다. 저는 그러라고 하고는 발밑에 옥수수 그릇을 놓고 엎드려 성경을 계속 읽었습니다. 한참 읽고 있는데 그만 성경의 내용은 기억나지 않고 갑자기 멍해지면서 정신을 잃었습니다. 이게 대체 무슨 일인지 이해되지 않아 '왜 그랬을까' 생각해 보았더니 옥수수 냄새에 취하여 마음이 흔들린 것입니다. 너무 어이없고 나 자신에게 화가 났습니다.

'지금, 삶과 죽음의 문제를 놓고 씨름하고 있는데 그깟 옥수수가 내 마음을 흔들다니!'

그 순간 옥수수 그릇을 문 밖으로 내던져버리고 싶은 충동을 느꼈습니다. 그러나 먹을 것을 버려서는 안 된다는 어릴 적 어머니의 가르침이 생각나 옥수수를 문 밖에 얌전히 내놓았습니다. 하긴 그 옥수수는 다른 사람이 먹을 것이니 내 마음대로 버릴 수 있는 것도 아니었습니다. 다시 마음을 잡고 열심히 성경을 읽던 중 문득 옥수수가 잘 있는지 궁금해졌습니다. 그래서 문을 열어 옥수수를 확인하고 혹 누가 가져갈까봐 방 안에 다시 들여놓았습니다. 억지로 마음을 정돈하고 성경을 읽다가 한 번 더 고개를 돌려 옥수수를 보았는데 그것은 정말 선악과였습니다. 먹음직도 하고 보암직도 하고 식욕을 충족시킬 만큼 김이 모락모락 나는 탐스럽기도

한 음식인지라 순간 사탄의 유혹이라는 생각이 들었습니다. 마음을 가다듬고 다시 성경을 보고 있는데 밑도 끝도 없이 불쑥 이런 생각이 지나갑니다.

'옥수수를 한번 씹어보고 싶다.'

그 순간 '나는 금식하고 있잖아!' 라고 스스로를 책망하며 다짐하였습니다. 그런데 내 안에 또 다른 목소리는 '금식은 안 먹는 것이지 안 씹는 것인가?' 그 순간 '그렇지…' 하고 갑자기 벌떡 일어나 단숨에 옥수수를 입에 넣어 씹기 시작했습니다. 그런데 아뿔싸! 침이 목구멍에 넘어가고 말았습니다.

'아, 넘어갔구나. 이젠 어쩔 수 없지…'

결과가 그리 될 것을 몰랐겠습니까? 어쩌면 이 모든 과정과 결과는 순간적으로 계산되었지만 애써 외면하고 있었는지도 모르겠습니다. 그리고 그 배후에는 이중적이며 타락하고 비틀린 저의 악과 연약한 인격이 있었겠지요. 결국 옥수수를 순식간에 다 먹어치웠고, 그저 허탈하고 처량하여 멍하니 앉아 있었습니다. 아무 정신이 없고 아무 판단이 서지 않는 것이었습니다. 내가 무엇을 했는지, 왜 그랬는지….

잠시 후에 배 안에서 큰 전쟁이 벌어졌습니다. 3일 동안 아무것도 먹지 않다가 갑자기 옥수수를 먹었으니 당연한 결과이겠지요. 그 날 밤 화장실을 열 번도 넘게 들락거렸습니다. 기도원의 다 부서져 가는 재래식 화장실은 저의 처참한 실상을 더욱 뼈저리게 보여주었습니다. 서서히 정신이 들면서 '이것이 나의 모습이구나. 이것이 인간 심수명이구나!' 제 존재가 무너지는 소리가 들려왔습니다. '아무것도 할 수 없으며, 그 무엇도 이룰 수 없고, 내 뜻대로 작은 것 하나도 만들어 갈 수 없는 나! 그런데 나는 내 실력과 능력, 내 의에 충만했구나! 금식을 통해 내 의를 쌓고 당당하게 하나님께 나아가고자 했던 나.' 하나님과 세상과 자신 앞에 너무나 부끄러웠지만 그 부끄러움을 다 씻을 수가 없었습니다. 이제 살 수도 없고 죽을 수도 없었습니다. 이 수치와 어처구니없는 패배를 도무지 어떻게 해 볼 수가 없었습니다.

바로 그 순간 제 안에서 자기 힘으로 살아가려던 자존의 욕구와 자기 의와 공로라는 '거목'이 쓰러짐을 느꼈습니다. 하지만 자존심이 무너지는 수치감과 치욕은 내가 우주 안에 있는 한 씻을 수 없는 수치감으로 다가왔습니다. 우주가 좁게 느껴졌습니다. 아! 그 어처구니없음을 무엇으로 다 표현할 수 있겠습니까? 그래서 지구가 반으로 갈라져 그 가운데 들어가 숨을 수만 있다면…. 저의 존재를 영원히 어둠 속으로 던지고 싶은 마음만 가득하였습니다.

그러나 하나님은 이런 저를 여전히 사랑하고 계셨습니다. 하나님의 사랑은 전적으로 하나님 편에서 주신 일방적인 은혜였습니다. 저는 하나님의 은혜로 새롭게 태어났습니다. 그 후로 저의 죄 때문에 자살하려는 생각을 다시는 하지 않았습니다. 제 의를 내세워 그것으로 구원받으려는 어리석음은 그것으로 마무리 되었습니다. 끝없는 하나님의 사랑만이 내가 붙잡아야 할 유일한 은총임을 온 마음을 다해 깨달았기 때문입니다.

아버지와의 화해

하나님의 사랑이 내 마음 가운데 채워졌을 때 상처는 거의 해결되었지만 감정의 잔재는 여전히 남아 저를 괴롭혔습니다.

그러던 중 1990년 봄, 대학원에서 심리학 과제인 가계조사를 핑계로 아버지에게 가족과 친지들에 대한 여러 가지 질문을 했습니다. 이것은 제 마음 속에 남아있는 아버지와의 감정적인 잔재를 말끔히 씻어버리고 싶은 마음 때문이었습니다. 저는 아버지에게 단 한마디라도 "미안하구나." 라는 말을 듣고 싶었습니다. 이 말을 들으면 위로가 되고 아버지에게 더 애정을 느낄 것 같았습니다. 그래서 어린 시절 아버지가 나를 외면하고 학대한 이유에 대해 두 차례나 물어보았습니다. 그런데 그전까지 생기 있는 얼굴로 열심히 설명하시던 아버지가 갑자기 고개를 숙이며 아무 말씀도 하지 않으셨습니다. 처음에는 아쉬웠으나 이내 아버지 나름대로의 후회와 미안함의 표현이라고 해석되었습니다. 그러면서 잔잔한 마음의 평화가 더 깊이, 더 넓게 번져가는 것을 느낄 수 있었습니다.

1년이 지난 후 아버지가 병원에 입원하셨습니다. 병원에 가서 아버지를 쳐다보는데 아버지가 너무 측은하여 무엇이든 다 해드리고 싶은 뜨거운 마음이 일어났습니다. 사실 아버지는 기관지 천식이란 지병이 있으셔서 병원에 자주 입원하셨기에 별다른 생각 없이 병원에 갔는데 그 날은 달랐습니다. 평생 아버지를 향해 처음 느낀 따뜻함과 진실한 감정이었습니다. 저는 울컥하는 마음으로 눈시울이 뜨거워졌고, 따뜻하게 아버지의 손을 잡았습니다. 그리고 진심으로 아버지의 치료를 위해 하나님께 기도했습니다.

그 후 아버지와 사랑의 마음을 나누면서 아버지를 돌보던 중, 1993년에 아버지는 하나님의 부르심을 받아 먼저 천국으로 가셨습니다. 내가 사랑하는 아버지는 고생과 수고를 다 마치고 영원한 하나님의 품에 안식하셨습니다. 저는 깊은 아쉬움 속에 눈물을 흘렸습니다. 아버지의 시신을 앞에 두고 흐르는 눈물을 닦으며 마음으로 한없이 아버지를 불렀습니다. 그리고 사랑과 축복을 담아 겸허한 마음으로 아버지를 보내드렸습니다.

그리고 얼마 있지 않아서 제 인생을 향한 하나님의 섭리를 보기 시작했습니다. 그것은 상처 입은 치료자로서의 삶이었습니다. 그래서 하나님은 저의 아버지를 통해 저를 이 길로 인도하신 것입니다.

이사야 43장 2절에 이런 말씀이 있습니다.

"네가 물 가운데로 지날 때에 내가 함께 할 것이라. 강을 건널 때에 물이 너를 침몰치 못할 것이며, 네가 불 가운데로 행할 때에 불꽃이 너를 사르지 못하리니, 대저 나는 여호와 네 하나님이요 구속자이심이라."

물 가운데로 지날 때 나와 함께 하시는 하나님을 체험하려면 물 속에 들어가야 할 것이 아닙니까? 불 속으로 지나갈 때 불꽃이 나를 사르지 못하도록 보호하시는 하나님의 은혜를 체험하려면 불꽃을 통과하는 것 같은 어려운 시련과 고통도 맛보아야 이 말씀이 얼마나 진리인가를 체험할 수 있지 않겠습니까? 하나님은 상처 많은 이 시대에 저를 쓰시기 위해 미리 물과 불을 경험하게 하신 것입니다. 저는 하나의 섭리에 그저 감사할 뿐입니다. 사람은 자기가 보는 것, 경험한 것을 말하게 되고 자신이 가본 곳까지만 남을 인도할 수 있기 때문입니다.

 2005년 어간에 저는 『인격치료』라는 책을 완성했습니다. 원고의 마지막을 마무리하던 날 밤에 꿈을 꾸었습니다. 그 꿈속에서 아버지에 대한 마지막 갈등을 표출했습니다. 그리고는 끝없는 자기중심적 집착을 깨닫고 미안하고 죄송스럽기가 이루 말할 수 없었습니다. 왜 이토록 모질게 부모님을 붙잡고 씨름하며 아버지에게 매달려 왔을까요?

 사람들의 최종 목표는 자신의 삶을 독립적으로 꾸려가면서 '자율'을 실현하는 것입니다. 부모가 자녀에게 해야 할 가장 큰 과제는, 성장할 수 있는 뿌리를 갖추게 해 주고 그리고 혼자 날 수 있는 날개를 달아주는 것입니다. 굳건한 뿌리를 만들고, 확실하게 자신에 대한 신뢰감을 형성하여 어느 날 활기차게 둥지를 떠날 수 있는 동력을 갖추어 주는 일입니다. 그런데 그 힘을 얻지 못했으니 얼마나 집착이 많았겠습니까?

 가정은 사람들에게 자기존중감을 형성하는 데에 가장 귀중한 장소가 됩니다. 인생살이를 성공적으로 살아가기 위해서 필수적으로 갖추어야 할 바로 그 힘이 자기존중감입니다.

자기존중감이 건강하게 세워지기 위해서는 인생 초기의 심리적 안정감이 매우 중요합니다. 물론 청소년기나 성인에도 중요하지만 영, 유아기와 같은 초기의 심리적인 안정감은 오랫동안 혹은 평생 동안 지속적으로 영향을 끼치게 됩니다. 따라서 어렸을 때 가정이 혼란스럽고 근심스럽고 불안을 안겨 주는 곳이었다면 건전한 자아형성에 아주 심각한 장애가 될 수도 있습니다.

현재의 불안감은 잠재의식 속에 있는 어린 시절의 기억 속에 저장되어 있는 해묵은 감정에서 기인되는 것입니다.

서른네 살의 어떤 철학 교수는 지역사회에서 존경받는 탁월한 물리학자인 아버지 밑에서 자랐지만, 어렸을 때에 아버지로부터 회초리로 난폭하게 얻어맞았고, 맞는 동안 무서워서 숨죽이고 있을 수밖에 없었던 공포감을 기억하고 있었습니다. 그는 "내가 운다고 해서 아버지가 때리는 것을 멈추지는 않았어요. 그는 마치 미친 사람 같았어요. 그는 나를 괴멸시킬 수 있는 힘을 가지고 있었지만 나는 아무 힘도 없었어요. 그때의 그 공포심이 나의 뇌리를 떠난 적이 없습니다. 나는 서른네 살이에요. 그러나 여전히 어떤 위험에 부딪혔을 경우, 나를 방어할 아무런 방법을 찾을 수가 없습니다. 나는 두려워요. 나는 항상 두려움 속에 살아왔어요. 공포와 불안이 없는 세상을 상상할 수 없었습니다."라고 고백합니다.

  어린이가 심한 폭력의 경험이 크면 클수록 그리고 그 경험이 이르면 이를수록 건전한 자기존중감을 형성하는 것이 매우 어려워집니다. 자신이 겪은 심리적인 상처로 인하여 갖게 된 무력감을 극복하고, 자신을 지키고 찾기 위한 자기존중감을 갖는다는 것은 매우 어려운 일입니다. 좋은 부모는 이와 같은 파괴적인 심리나 감정을 아이들이 갖지 않도록 잘 도와야 합니다.

  이제 저는 다음과 같이 제 결심을 정리했습니다.
  "저는 다시는 부친의 실수를 거론하고 싶지 않으며 저의 사례를 통해 다른 이에게 도움을 주기 위해서만 제 아픔을 고백할 것입니다. 그리고 탓을 한다면 반항아로서의 제 허물을 탓하고 싶습니다. 저는 참으로 자기중심적이며 야곱처럼 간교함이 본성으로 가득찬 사람이었습니다. 이런 제가 저의 얍복 나루터인 『인격치료』를 쓰는 씨름터에서 내 하나님께 새로운 축복의 이름 '이스라엘'을 얻게 되었습니다. 저의 상처가 치료됨으로써 저도 새로워졌지만 저의 아버지도 새로워지는 그 신선한 느낌! 이제 그분은 사랑스럽기만 한 저의 아버지이시며 실제로 지금 하늘나라에서 저를 자랑스러워하고 계실 것입니다. 수많은 아픔과 고통, 치유와 회복의 과정을 통해 오늘의 저를 만들어 오신 제 하나님께 진심으로 감사드립니다. 이제는 제 삶을 날마다 하나님께 온전히 의뢰하는 연습을 하면서, 또 자신과 타인, 온 세상을 사랑하려는 마음으로 인격 성숙의 길을 향해 날마다 새로운 마음으로 살아가기를 소망합니다."

상처를 치료하기 위한 노력들

제가 상담에 관심을 가지기 시작한 것이 1980년대 말입니다. 상담을 제대로 공부하려면 임상을 많이 해야 한다는 지도교수님의 충고에 따라 대학원에 다닐 때부터 국내외 연구소와 임상 센터를 찾아다니며 상담과 심리치료, 교육 분석과 상담 훈련을 지도받았습니다. 이 무렵에 제일 힘들었던 것은 저의 인성이 다듬어지는 과정에서 보이는 불완전한 모습과 추악한 인격과 악한 본성이었습니다. 이러한 인격 장애의 증상들은 나 스스로도 감당할 수 없을 정도였습니다.

스스로 진실한 사람이라고 믿었고 다른 사람을 인격적으로 대한다고 믿고 있었지만 그렇지 않은 이중적 행동들이 여러 전문가들의 피드백을 통해 들추어졌을 때 저도 몰랐던 자신의 모습은 충격이고 공포였습니다. 그러나 그런 저를 점점 수용하면서 자기를 발견하는 축복을 누렸습니다. 하지만 저의 문제와 악을 보는 그 과정은 참으로 감내하기 힘든 고통이요 아픔의 시간들이었습니다. 그래서 임상센터에 출근하여 문을 열고 들어가기 전에 기도하고 마음을 다짐하면서 하루하루를 보냈습니다. 내가 왜 이토록 나를 보는 직면의 과정이 힘이 들었을까 살펴보았습니다. 내가 심리적으로 원한 것은 수퍼바이저의 인정과 지지였지 그의 직면이 아니었습니다. 나의 의식은 배움과 성장을 원했지만 나의 무의식은 무조건적인 지지와 수용만을 원하고 있어 수퍼바이저의 직면이 고통스러울 수 밖에 없었습니다. 정말이지 죽을 것 같은 새로운 출산의 시간들이었습니다.

 이 과정을 통해 자각을 일깨우고 저의 모습을 발견하고 그것이 기쁨이 되기까지 수퍼바이저를 미워하며 증오하고, 저 자신에 대한 속상함과 아쉬움, 못마땅함에 얼마나 많이 괴로워했는지 모릅니다. 이 모든 고통스러운 과정을 통해 저는 저 자신과 많이 싸웠고 그 결과 비로소 웃을 수 있게 되었습니다.

 그러나 인격의 완성이 이 세상 사는 동안 완전히 이루어질 수 없는 것이기에 계속 성숙을 향해, 비전을 바라보며 살아가야 하는 존재임을 인정합니다. 그리고 미래에 더 아름다워질 온전한 삶을 바라보고 끊임없이 최선을 다하며 그 길을 가고 있음에 감사할 뿐입니다.

2) 상처 치료의 축복

열등감이 축복으로

제 인생을 그토록 아프게 했던 열등감들이 이제는 축복이 되어 내 삶을 더욱 풍성케 하니 얼마나 감사한지요. 아들러는 인간이 열등감을 느끼기 때문에 이에 대한 보상 작용으로 '우월을 향한 추구'를 통해 자기성장과 발전을 이루어 가고, 사회와 조화를 이루어가며 지도력을 발휘해 간다고 보았습니다. 이것은 열등감을 부정적으로 이해한 것이 아니라 긍정적인 요소로 이해한 것이었습니다. 열등감이 긍정적인 보상이 되는 예는 다음과 같습니다. '좋은 학점을 받지 못할 것 같은 학생이 훌륭한 축구 선수가 된다. 운동 능력이 부족했던 남학생이 훌륭한 피아니스트가 된다. 가난한 집안에서 출생하여 경제적으로 고통 받았던 남자가 백만장자가 된다. 사회적 적응을 잘 하지 못했던 소년이 성장하여 훌륭한 배우가 된다. 인종적으로 소수 집단에 속한 소녀가 다수 집단의 인기 있는 지도자가 된다. 직장에서 좌절하는 남자가 자녀들을 과잉보호함으로써 보상한다. 다른 형제를 갖고 싶어 했던 외아들은 결혼한 후에 자녀를 많이 낳는다.' 등 입니다. 이러한 맥락에서 저의 열등감도 이제는 모두 저의 능력이 되었음을 고백하지 않을 수 없습니다.

첫 번째 저의 열등감은 부정적 정서였습니다. 부정적 정서로 인해 고통당한 경험 때문에 대부분의 사람들이 가지고 있는 부정적 정서를 더 깊이 이해하고 공감하며 그들을 세울 수 있는 힘을 가지게 되었습니다. 또한 외모에 대한 열등감이 있었는데, 사회심리학의 관점에서 보면 사람은 외모를 보고 매력을 느끼는 것이 절대적입니다. 상담자인 제가 외모까지 매력적이면 상담을 하기가 얼마나 어렵겠습니까? 상담은 내담자와 깊은 정서적 만남을 갖는 특징이 있고, 남성보다는 여성이 상담을 선호하기 때문에 제가 외모까지 갖추게 되면 얼마나 많은 오해가 생기겠습니까? 그래서 저는 작은 키에 적당한 몸매를 주신 하나님께 감사합니다.

그리고 지식 콤플렉스에 대한 열등감을 생각해보면, 제 주변에 좋은 대학을 나와 학벌에 대한 열등감이 없는 사람들은 자기만족 때문에 더 이상 공부와 연구를 하지 않는 경우가 많음을 보게 됩니다. 그러나 저는 학벌에 대한 열등감이 많아서 그것 때문에 끊임없이 공부하고 연구하다보니 박사학위도 두 개나 얻게 되고, 길고 긴 임상과정의 공부를 인내하며 잘 소화하였고, 수십 권의 상담서적과 성경공부, 캠프 자료를 개발하고 책을 쓰며 치료 프로그램을 만들어 하나님 나라와 이 땅에 기여할 수 있게 되었습니다.

마지막으로 방위에 대한 열등감에 있어서는 제가 방위로서 사람들의 무시를 받으며 살아왔기 때문에 무시당하거나 가볍게 취급되는 것이 얼마나 힘든지 그 마음과 느낌을 알 수 있다는 것이 감사할 따름입니다. 그래서 어떤 사람이든 그를 무시하지 않고 겸손함으로 대하려는 노력을 하게 되었고, 약하며 낮은 자존감을 가진 사람을 이해하고 도울 수 있게 되었습니다.

저의 평생은 상처로 얼룩진 내면의 고통을 치료하고 회복하기 위한 오랜 인내의 여정이었습니다. 사실 저는 평생 상처와 싸우고 아버지와 싸우며 살았습니다. 그래서 자아가 강해지고 웬만한 문제에는 흔들리지 않는 강인함을 가지게 되었습니다. 또 모험과 투쟁정신, 용기와 도전의식, 수용능력과 공감하는 마음, 따뜻함, 위로의 능력 등을 가지게 되었습니다. 이 모든 것은 하나님의 섭리이며 은혜입니다.

그러나 저는 어릴 때는 온유하고 착하다는 소리를 많이 들으며 자랐습니다. 그래서 다른 사람들의 기대에 부응하려고 하다 보니 '아니요'라고 해야 할 때, '예'라고 대답하고서는 스스로 속상해 할 때가 많았습니다. 그러나 이제는 남에게 사랑받고 인정받기 위해 사는 것이 아니라 내 느낌, 내 생각, 내 판단을 소중하게 여기며 주체적인 자기로 살고 있고, 이러한 나를 볼 때 진정한 삶의 자유와 기쁨을 느낍니다. "진리를 알찌니 진리가 너희를 자유케 하리라"(요 8:32).

그렇습니다. 참 진리이신 예수 그리스도를 정말 아는 사람은 진리의 영이신 예수님 때문에 삶이 진정으로 자유로워집니다. 드 멜로는 그의 책 『깨어나십시오』에서 "착한 이들을 만들려는 종교는 사람들을 나쁘게 만들지만 자유로움으로 초대하는 종교는 사람을 착하게 만듭니다. 그것은 자유로움이 사람을 악마로 만드는 내적 갈등을 다 부수어 버리기 때문입니다."라고 말하고 있습니다. 그리스도인으로 살아가는 것은 '착하게' 사는 것이 아니라 '자유롭게' 살아가는 것입니다. 하나님은 우리에게 자유인이 되라고 말씀하십니다.

그러므로 나는 더 이상 착한 사람이 되려고 애쓰지 않습니다. 그보다는 주체성을 갖고 자유롭게 살아가려고 애쓸 뿐입니다. 그리고 배려와 사랑으로 살아가려 합니다. 사람들은 내가 상담을 공부하는 교수나 목사이기에 학교나 교회, 사회

등 어디에서나 자신들의 마음을 더 많이 이해하고 사랑하고 돌봐주기를 바라고 요구합니다. 그 요구가 얼마나 집요한지요. 그러나 저는 그들의 요구에 휘둘려서가 아니라 스스로 결정했기 때문에 주도적이며 겸손한 마음으로 그들을 섬기려 합니다. 다만 사랑에 빚진 자이기 때문이요, 사랑만이 우리의 유일한 희망이기 때문입니다.

부활의 경험

사람은 누구나 죽음을 두려워합니다. 그래서 철학자 하이데거는 인간을 '죽음에 붙여진 존재'라고 규정했습니다. 또한 엘리자베스 퀴블러로스는 인간의 죽음을 관찰하면서 인간이 죽음을 수용하는 과정에 '부정―분노―타협―우울―수용'이란 단계가 있다고 했습니다. 죽음은 인간에게 너무나 분명한 말이면서도, 또 한편 도무지 실감이 나지 않는 말입니다. '모든 인간은 죽는다.'라는 절대적인 법칙 앞에서도 인간은 그 무의식 가운데 '나는 결코 죽지 않는다.'라는 본능의 신념이 자리잡고 있습니다. 그러나 가까운 사람들이 죽음을 맞이하면, 사람들은 긴장과 불안, 인생의 가장 진한 비애와 상실을 경험하게 됩니다. 그러면서도 그 죽음이란 문제가 분명한 개념으로는 아직 이해되지 않습니다. 어쩌면 인생으로서는 영원히 이해되지 않을 것입니다.

 이러한 죽음의 문제를 해결하기 위해 그리스도는 죽으시고 또 부활하셨습니다. 그리스도의 부활은 인간의 가치체계를 바닥부터 흔들어 놓는 일대 전환입니다. 부활이 없다면 절망과 허무주의적 세계관이 우리의 삶을 지배할 것입니다. 그러나 예수님이 사망권세를 깨고 부활하셨기에 우리 앞에 열린 세계와 희망과 미래가 보장되었습니다. 하지만 처음 예수님의 무덤을 찾아온 막달라 마리아를 비롯하여 예수님을 그토록 따랐던 열 두 제자들은 그리스도의 부활을 믿지 않았습니다. 아니 믿을 수 없었습니다. 그리스도께서 수없이 부활을 예고하셨지만 그들이 믿을 수 없는 것은 당연할 것입니다.

 이것이 인간의 삶입니다. 주님은 부활하셨는데 우리는 여전히 오해하며 절망하고 낙담하는 것입니다. 이것이 오늘 우리의 한계입니다. 예수님의 제자들조차 예수님의 부활을 즉시 믿지 못했습니다. 처음에는 너무 황당해서 못 믿었습니다. 그래서 주님은 그들과 함께 지내면서 먹고 마셨습니다. 그리고 그들에게 나타나시고 대화하시며 가르치셨습니다. 그제야 그리스도의 부활이 그들의 가슴에 납득되기 시작했습니다.

저 역시 1997년 사순절이 시작되려는 벽두에 그리스도의 부활을 새롭게 경험하였습니다. 그해 3월 14일 금요일 밤 6시 39분경, 집에서 경기도 포천군에 있는 은성수도원으로 출발했습니다. 지친 저를 쉬게 해주고, 기도 중에 설교의 영감을 얻기 위해서였습니다. 그런데 이상하게도 그날따라 은성수도원 앞을 두세 번 지나치도록 입구가 눈에 띄지 않아 길을 헤매게 되었습니다. 나중에 교통경찰에게 물어보았지만 엉뚱한 방향을 가르쳐 주어서 전혀 다른 길로 돌아서 더 헤매기만 하였습니다. 아무리 길을 찾아도 길이 눈에 들어오지 않으니 이제는 집으로 되돌아가고 싶은 마음뿐이었습니다. 마음을 추스르고 다시 길을 따라 운전하는데 꼭 들어가 보고 싶은 작은 길이 눈에 띄었습니다.

그 전에 지나칠 때는 그 길로 가면 안 될 것 같아서 계속 피했던 길입니다. 이번에는 한번 들어가 보고 싶은 마음 때문에 결국 그 길로 들어섰습니다. 그 작은 샛길은 계속 이어졌습니다. 마침 차도 기어를 갈고, 엔진오일도 교체한지 얼마 되지 않았기 때문에 부드럽게 달리며 점점 속력을 냈습니다. 계속되는 언덕을 과속으로 몰아 단숨에 넘다보니 갑자기 길이 보이지 않았습니다. 내리막길이 약 90도 정도로 갑자기 휘어져 있고 그 뒤에 다리가 있었습니다. 각도를 보니 지금 속도로는 그 다리로 도저히 들어설 수가 없을 것 같았습니다. 만약 무리하게 왼쪽으로 핸들을 꺾으면 마주 오는 다른 차와 충돌할 텐데…. 저는 차가 가는 그대로 내버려두었습니다.

차는 붕떠서 '쿵' 하는 소리와 함께 6-7m 아래 낭떠러지로 떨어졌습니다. 저는 잠시 의식을 잃었습니다. 정신을 차려보니 똑바로 의자에 앉아 있었습니다. 그런데 천정에 있어야 할 불빛이 바닥에서 보이는 것이 아니겠습니까? 순간 '차가 뒤집어졌나?' 하고 생각했습니다. 그러나 그 당시에는 밖으로 나와야겠다는 생각에 이 모든 것을 정리할 수가 없었습니다. 그 후 동네 사람들의 이야기에 의하면 '쿵' 하는 소리를 두 번 들었다는 것입니다. 처음에는 차가 똑바로 떨어지면서 '쿵' 소리를 내었고 그 충격으로 인한 반동으로 한 번 더 공중으로 튀어올라 뒤집어져 또다시 '쿵' 소리를 내며 떨어진 것입니다. 그렇다면 저는 두 번 충격을 받았고 차가 뒤집어졌기 때문에 제 머리도 땅으로 가야 위치가 맞는 것인데 저의 머리는 그렇지 않았습니다.

제가 그 순간을 수없이 회상해 보아도 이 부분을 합리적으로 설명할 길이 없습니다. 차는 뒤집어져 있었지만 안전하게 의자에 똑바로 앉아있었습니다. 그리고 옆문이 일그러져서 열리지 않기에 얼른 뒷문으로 기어 나오는데 갑자기 누군가 나를 부릅니다. "심목사!" 놀라서 뒤를 돌아보는데 또렷하게 하나님의 음성이 들렸습니다.

"새롭게 살아!" 저는 사실 인생을 그만 살고 싶을 때가 많았습니다. 그만 살아도 될 것 같은 만족감과 삶의 짐을 무겁게 지고 있는 고통에 은근히 죽고 싶다고 하나님을 향해 떼를 쓰며 기도한 적이 여러번 되었습니다. 그런 저에게 새롭게 살라고 하신 하나님의 경고는 당시 교회당 건축 후에 오는 피곤함과 제 할 일을 다했다는 만족감으로 채워진 자신의 악을 보게 하셨고 저의 죄인됨을 깨우쳐 주셨습니다. 차에서 나오기 전에 저는 영광의 하나님을 만났습니다. 죄인에게 다시금 삶을 주신 하나님의 은총 앞에 눈시울을 적시며 감사의 기도를 드렸습니다. 그리고 교회와 성도를 향해서 무거운 책임을 느꼈습니다.

제가 차 밖으로 나오니 동네사람들이 차 주변에 다 모여 있었습니다. 그리고 이구동성으로 혀를 찹니다. 그해 벌써 열두 대째 떨어졌다며 그런데 이렇게 다친 데가 없는 사람은 처음 본다며 한마디씩 합니다. 그리고 사람들이 제게 인사합니다. 저는 그저 무엇이 그리 좋은지 웃으며 인사했습니다. 나중에 파출소 소장이 묻습니다.

"목사님이십니까?"

"어떻게 아셨습니까?"

"그냥 그런 생각이 들었습니다. … 목사님이시니까 아마 하나님이 보호하셨나보죠?"

사고수습을 끝내고 은성수도원으로 걸어가며 생각했습니다. 깊은 심야에 혼자 수십 킬로미터를 걸어가면서 저는 반짝이는 밤하늘의 별을 보며 제 삶의 사명을 새삼 느꼈습니다. 마침내 어둠을 가르는 은성수도원의 수은등을 보면서 먼저 예배당을 찾았고 조용히 예배당 바닥에 엎드렸습니다. 무슨 기도를 어떻게 드려야 할지 몰랐습니다. 한동안 고개를 숙이고 있다가 몇 마디 말씀을 드렸습니다.

"하나님 죄인을 새롭게 부르시고 축복하시니 감사합니다. 저의 많은 죄와 악을 용서해 주시옵소서. 그리고 이제 새롭게 살겠습니다. … 하나님이 원하시는 대로 살겠습니다."

제 가슴에 울컥거리는 감격의 눈물이 맺히며 그 눈물은 저의 뺨을 타고 한없이 흘렀습니다. 하나님은 이 사건을 통해 제게 예수님의 사랑과 십자가의 희생을 더 깊이 새기게 하셨고 목회에 대해 좀더 가난한 마음으로 주님을 의지하게 하셨습니다.

그 다음 날 오후 차가 있는 공장으로 짐을 꺼내기 위해 갔습니다. 공장장은 차가 수리불능이라며 폐차를 시켜야겠다고 말했습니다. 차를 가만히 보니 운전석 앞 유리가 20-30cm 정도 안쪽으로 움푹 패여 있고 차 지붕이 운전석 쪽으로 내려앉아 있었습니다. 제가 차와 똑같은 방향으로 떨어졌으면 죽었을 것이라는 생각이 들었습니다. 무슨 말을 하겠습니까? 삶과 죽음 사이에는 정말 아무 차이가 없었습니다. 죽음에서 살아난 것을 생각하니 오직 하나님만이 인생의 삶과 죽음을 붙잡고 있는 분임을 온몸으로 실감할 수 있었습니다. 그래서 더욱더 사명감에 머리가 숙여졌습니다.

헨델의 '메시야'가 생각납니다. 작곡가인 헨델은 중풍으로 인해 한쪽 팔과 다리가 마비되었습니다. 그리고 경제적으로 어려워 많은 빚을 지고 있었습니다. 그 빚 때문에 고소를 당해서 결국은 감옥 생활까지 했습니다. 그는 죽고 싶은 심정으로 자살을 결심하였지만 마음을 바꾸어 하나님 앞에 기도했습니다.

'하나님, 내 생애를 향한 당신의 뜻을 알게 하소서…'

그러던 어느 날 하나님께 큰 은혜를 받고 환상을 경험하면서 메시야를 작곡했습니다. 메시야의 원 악보에는 지금도 그때 그가 흘린 눈물의 자국들이 가득 남아 있다고 합니다. '메시야'는 그리스도의 통치를 찬양하는 노래로서 '그가 다스리신다. 그가 다스리신다. 만왕의 왕, 그가 다스리신다. 역사를 다스리시고, 온 우주를 다스리신다. 그 고난 가운데서도 그리스도가 다스리신다.'라는 내용이 반복됩니다. 무려 마흔 세 번이나 '그가 다스리신다'라고 외치고 있습니다. 헨델은 이 곡을 통하여 하나님이 지배하시는 세계, 부활하신 그리스도가 다스리시는 세계를 높이 찬양하였습니다. 그는 눈물로 하나님 앞에 감사하고 기도하며 그 음악을 지었습니다.

 이것을 작곡하고 얼마 후에 그는 실명하게 됩니다. 그리고 시간이 좀 흐른 뒤, 고난주간에 '메시야'를 친히 지휘하고는 그 다음 날에 세상을 떠났습니다. 그는 죽었지만 그는 그리스도와 함께 우리의 심령 속에 새롭게 부활했습니다. 저 역시 십자가의 주님, 만왕의 왕이신 하나님께만 충성을 다할 것이요, 그 메시야만 섬기고 싶습니다. 그리고 저를 아는 모든 이의 가슴에 예수님의 제자, 하나님의 은혜를 전한 사랑의 실천자로 기억되고 싶습니다.

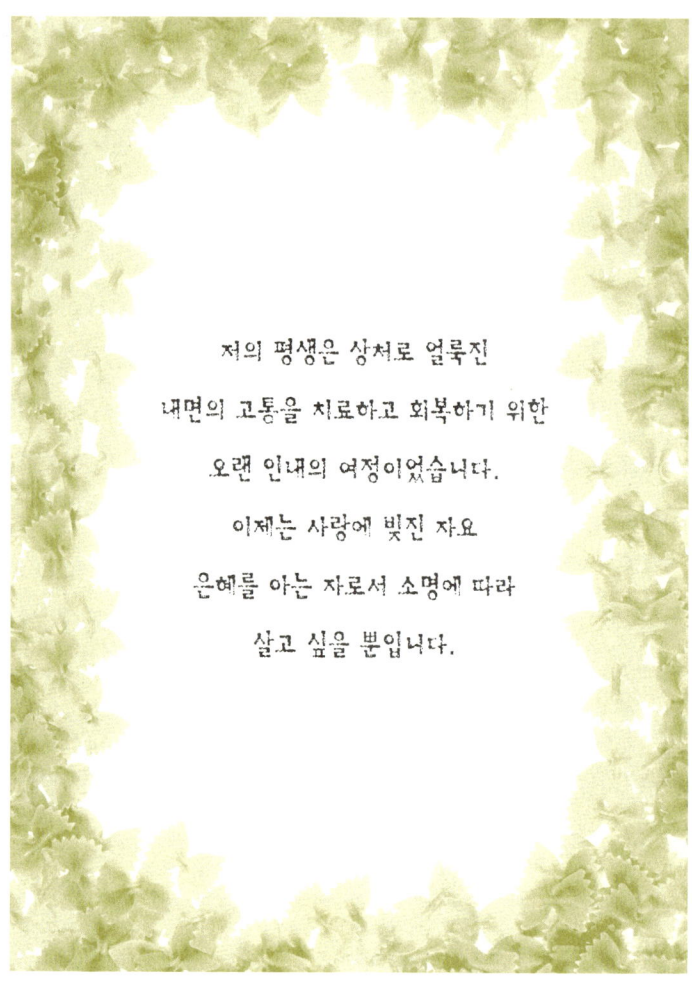

저의 평생은 상처로 얼룩진
내면의 고통을 치료하고 회복하기 위한
오랜 인내의 여정이었습니다.
이제는 사랑에 빚진 자요
은혜를 아는 자로서 소명에 따라
살고 싶을 뿐입니다.

용서는 힘입니다.
당신이 자신을 용서하고 사랑의 삶을 살겠다는 화해로
나아갈 때, 그 힘을 누리게 될 것입니다.

3. 용서의 삶

3

  이 세상 어느 누구도 다른 사람에게 용서를 강요할 수 없습니다. 하지만 자신을 용서했을 때, 그 행위가 얼마나 자신을 자유롭게 하는지 그 결과를 경험하면 놀라게 될 것입니다. 재물이나 권세, 그 어떤 것에 의해서가 아니라 스스로의 자유의지로 용서하는 것입니다. 그럼으로써 더 큰 자유를 향해 나아갑니다. 이러한 자유의 여정에 영적·심리적 추진력을 제공하는 것이 용서입니다. 그러므로 용서는 은총입니다. 당신이 자신을 용서하고 사랑의 삶을 살겠다는 화해로 나아갈 때, 그 힘을 누리게 될 것입니다.

  용서의 삶을 실천하기 위해서는 어려움이 많지만 무엇보다 결심이 중요합니다. 그리고 용서를 제대로 하기 위해서는 용서의 단계를 순서대로 적용해야 합니다. 저는 그 단계를 일곱 단계로 보았는데 그것은 손상을 인식하기, 연관된 감정 파악하기, 상처와 분노 표현하기, 용서하기, 새로운 시각으로 보기, 자기와 화해하기 그리고 타인과 화해하기로 보았습니다. 각 단계에 대해 먼저 이해하고 삶으로 이어지도록 꾸준히 연습하는 것이 필요합니다.

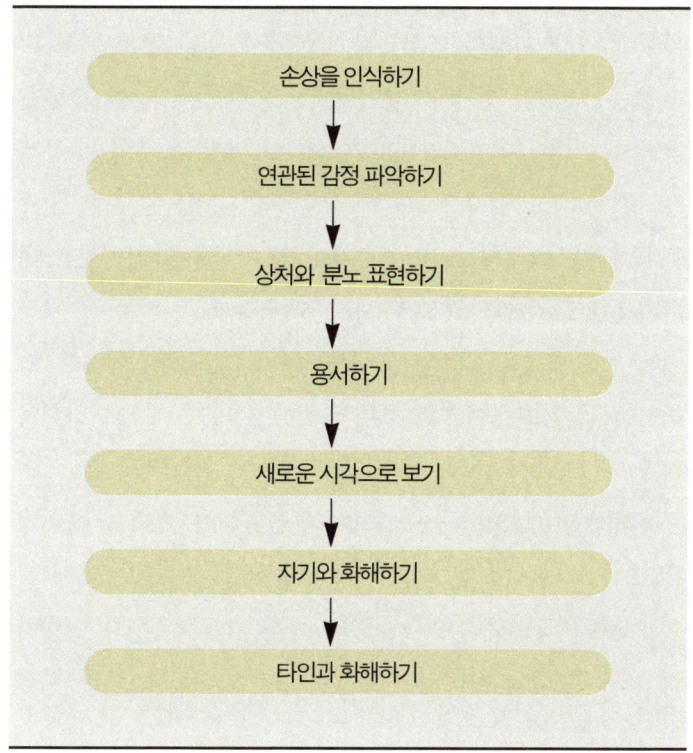

〈용서의 7단계〉

1) 용서의 과정

1단계 : 손상을 인식하기

용서의 과정은 고통, 상처, 손상을 느끼기 시작하면서부터 시작됩니다. 우리는 다음과 같은 질문에 답할 필요가 있습니다. 무슨 일이 일어났는가? 누가 그렇게 했는가? 내게 그것은 어떤 영향을 끼쳤는가? 우리의 삶에 준 상처를 면밀히 분석하여 얼마나 피해를 입었는지 알아야 복구를 할 수 있습니다. 특히 역기능 가정의 성인아이들은 과거에 일어난 일을 파악하는 데 주력할 필요가 있습니다. 우리는 종종 고통과 상처는 느끼고 있지만 그러한 감정들의 원인을 깊숙한 곳에 묻어버리곤 합니다. 우리는 실제로 일어난 일을 기억하는 데 어려움을 느낄 때가 있습니다. 그 이유는 우리 마음 한 구석에서 일어난 일을 기억하고 싶어 하지 않기 때문입니다. 그러나 기억해내는 일은 용서를 실천함에 있어 중요한 과정입니다.

아버지를 증오하는 한 여인이 있었습니다. 그녀의 아버지는 어린 그녀에게 변태적인 '섹스 놀이'를 강요함으로써 딸의 인생에 영원히 견딜 수 없는 아픈 기억을 남겨주었습니다. 지금 그녀의 아버지는 죽었습니다. 그러나 그녀는 지금도 아버지를 증오하고 있으며 아버지보다 자기 자신을 더 증오하는 그녀는 아버지를 용서해야만 자기 자신에 대한 지독한 증오심으로부터 해방될 수 있을 것이라고 생각했습니다. 그렇지만 지금 이 세상에 없는 사람을, 그녀에게 '잘못했다.'라고 말할 수 없는 사람을 어떻게 용서할 수 있겠습니까?

죽은 부모를 용서하는 것이 어려운 이유는 우리 내면의 무엇인가가 고인이 된 부모님을 용서가 필요한 사람으로 만들기를 원하지 않기 때문입니다. 우리는 성녀 같았던 어머니, 고상했던 아버지의 모습을 기억하기를 원합니다. 그들을 용서한다는 것은 곧 그들을 보통사람들로 분류하는 것을 의미합니다. 오늘의 우리로 만들기 위해 평생을 헌신한 부모들을 증오하다가 다시 용서하는 것은 결코 바람직한 일이 아닌 것처럼 여겨집니다. 특히 그들이 이미 죽어 천국에 들어갔다면 더 그렇게 생각됩니다. 그러나 죽은 부모를 용서하는 게 아무리 어렵고 힘들다 할지라도 우리 마음과 영혼에 평화를 얻고 싶다면 용서가 필요하다는 사실을 인식해야 합니다.

2단계 : 연관된 감정 파악하기

자신의 삶 속에서 경험한 손상을 인식하는 것과 함께 손상과 연관된 감정들을 파악해야 합니다. 대부분 다음의 세 가지 유형의 감정이 두드러지게 나타날 것입니다.

첫째, 두려움입니다. 어린 시절에 상처를 받게 되면 그 감정은 보통 두려움이 지배적입니다. 그때의 두려움은 자신의 존재가 거절받을 것에 대한 두려움입니다. 또한 아픈 상처를 다시 기억해 내야 하는 고통이 수반되므로 두려움의 감정이 지배합니다. 우리에게 상처를 입힌 사람들은 우리가 존경하는 인물들이었습니다. 그래서 그들과의 관계를 들추어 내는 것이 두렵습니다. 그러한 두려움은 종종 현재 상황까지 흘러 들어옵니다. 그러나 현재는 내가 그를 감당할 수 있는 성숙한 존재임을 자각하고 두려움과 맞서야 합니다. 두려움은 대상도 없고 실체도 없는 하나의 감정에 지나지 않기 때문입니다.

둘째, 죄책감과 수치심입니다. 죄책감은 우리가 무슨 행동을 했는지와 관련이 있고, 수치심은 우리가 누구인지에 관련이 있습니다. 뭔가 잘못을 범하고 그것에 대해 기분이 좋지 않다면 그것은 죄책감입니다. 잘못을 범했기 때문에 나는 문제가 많은 사람이라고 결론을 내린다면 그것은 수치심인 것입니다. 때때로 자신의 행동을 뒤돌아보는 건강한 죄책감은 필요합니다. 그러나 존재를 거절하는 느낌을 주는 수치심을 자극하면 인격적이며 성숙한 삶을 사는 데 어려움을 겪게 됩니다.

셋째, 분노입니다. 우리가 우리에게 행해진 해로운 일들과 그러한 상처로 인해 생겨난 두려움, 죄책감, 수치심과 같은 감정들을 인식하기 시작하면 시간이 지나면서 분노를 느끼게 됩니다. 따라서 자신의 감정과 연관된 감정이 두려움이라면 맞서 싸우는 용기가 필요하며, 죄책감이라면 건강하게 자신의 행동을 반성하는 기회로 삼아야 합니다. 수치심은 인격적인 거절감을 줄 수 있기에 자신의 행동과 존재를 분리하는 성숙함이 필요합니다. 그리고 분노의 감정이라면 건강하고 긍정적으로 표현하도록 노력해야 합니다.

3단계 : 상처와 분노 표현하기

자신의 상처와 분노를 표현하기 위해 구체적으로 할 수 있는 일이 여러 가지 있습니다. 한 가지는 신뢰할 만한 친구와 '그러한 감정들에 대해 말하는 것'입니다. 문제를 해결하려고 노력하기보다 있는 그대로의 나를 이해하고 내 감정을 수용해 주는 친구와 진솔한 나눔을 해야 합니다. 자신의 상처를 표현하기 위해 다음 네 가지를 기억하십시오.

첫째, 완벽한 부모는 없습니다. 부모는 신이 아닙니다. 대부분의 엄마들은 성녀가 아니며 대부분의 아버지들도 성자가 아닙니다. 제아무리 '이상적인 부모'라 해도 기껏해야 다정다감한 부모에 지나지 않으며, 다정다감한 부모라도 자녀에게 야만적이고 가혹한 행동을 저지를 수 있습니다. 우리가 아버지에게 잔혹한 짓을 강요당했거나 어머니의 무관심과 냉담 속에서 방치되었음을 인정한다고 해서 인생의 기초가 위태롭게 흔들리는 것은 결코 아닙니다.

둘째, 어린 시절 부모에게 받았던 아픈 상처를 기억한다면 고통스러운 것은 당연합니다. 그 일 때문에 마음 한편으로 부모님을 비난하며 증오할지도 모릅니다. 또한 고통과 증오심을 느끼고 싶지 않고 감정의 흐름을 따라 깊이 들어가는 것이 두려울 수도 있습니다. 왜냐하면 그 상처의 고통을 견디지 못할까 봐 두렵고 돌아가신 부모님을 증오한다는 것이 옳지 못한 일로 여겨지기 때문입니다. 그러나 감정의 흐름을 따라가면 마음속 가장 깊은 곳까지 도달할 수 있습니다. 그래서 압도적인 슬픔이 요동치는 끔찍한 밤을 겪을 수도 있고, 사랑받고 싶은 욕구로 늘 외로웠던 어린 시절의 아픔을 또다시 느낄 수도 있을 것입니다. 물론 자신의 감정이 다소

과장되거나 왜곡된 것일 수도 있습니다. 그러나 그건 문제가 되지 않습니다. 지금 느끼는 그 감정을 수용하여 부모가 나에게 끼친 고통을 그대로 느낄 때에 비로소 상처를 준 부모를 자유롭게 용서할 수 있습니다.

셋째, 상처를 준 부모를 완벽하게 용서할 수는 없습니다. 상처를 준 부모를 용서하더라도 용서의 단계를 다 끝마칠 수 없습니다. 완벽한 용서는 상처와 증오로 단절되었던 두 사람이 다시 연합하는 화해가 일어날 때 끝납니다. 그러나 부모님이 아직 나에게 용서를 빌 준비가 되지 않았거나 돌아가신 경우에는 나의 아픈 기억이 치료되는 것으로 만족해야 합니다. 어쩌면 한 번의 용서로 기억을 완전히 치료하지 못하고 몇 차례에 걸쳐 치료를 반복해야 할지도 모릅니다. 그러나 계속 반복하여 시도하다 보면 결국엔 끝이 보입니다.

넷째, 상처를 준 부모를 용서하면서 자기 자신도 용서해야 합니다. 부모에게 상처받은 사람은 죄책감을 느끼거나 자신을 미워하게 됩니다. 자기 어머니나 아버지를 미워하면서 자신을 미워하지 않는 사람은 없습니다. 부모를 용서하려고 애쓰는 사람들 대부분이 자기혐오에 시달립니다. 부모에게 상처를 받아 그토록 비참한 감정을 느끼는 것이 결국 자기들 탓일지도 모른다는 생각에 고통스러워합니다. 그러므로 부모를 용서하는 일만큼 자신을 용납하고 받아들이는 일도 똑같이 중요하다는 사실을 알아야 합니다.

4단계 : 용서 하기

자신의 상처와 분노를 표현하였으면 이제는 용서를 시작해야 할 시간입니다. 자신의 아들을 죽인 불량배들을 신앙으로 용서했던 한 어머니가 있었습니다. 그는 불량배의 부모가 자신에게 용서를 구했을 때 "내 감정, 내 마음으로는 절대로 당신들의 아이를 용서할 수 없습니다. 다만 내가 사랑하는 주님의 이름으로 용서할 뿐입니다. 그러나 앞으로 할 수만 있다면 내 앞에 나타나지 않기를 부탁합니다."라고 말했습니다. 그 어머니는 정말 하기 어려운 용서를 신앙의 힘으로 감당했는데, 용서 후에 아들을 잃은 상처에서 서서히 회복될 수 있었습니다. "나는 절대로 당신들의 아이를 용서할 수 없습니다."라는 말은 그 어머니의 입장에서는 진실한 말입니다. 하나님의 도움이 없이는 나에게 피해를 준 사람을 용서하기가 힘들며 피해의식에서 벗어날 수도 없습니다.

이를 위해서 먼저 자신에게 상처를 준 사람과 '빚을 청산' 해야 합니다. 이것은 자신의 상처와 감정들을 처리해 나가면서 해결되지 못한 것, 즉 정서적인 아픔이나 여전히 남아있는 보복의 감정들을 정리하고 결단하는 것을 의미합니다. 상처를 오랫동안 붙들고 있다 보면 지적인 판단 능력을 마비시키는 보복적인 분노로 변하는 경우가 많습니다. 예를 들어, 남편으로부터 원하지 않는 이혼을 당한 여성은 남편이 어떤 중병에 걸려 고생하거나 새 아내와의 결혼 생활이 불행해지기를 원할 것입니다. 또 자신에게 해를 입힌 친구가 있다면 새로 취직한 직장에서 해고당하기를 바라는 마음이 있을 것입니다. 또한 이보다 더한 복수를 생각하거나 원수인 경우에는, 급사하거나 더 심한 고통을 받기를 원하는 마음이 있기도 할 것입니다. 어쨌든 우리는 나에게 상처 준 사람이 잘 되기를 바라는 마음이 없을 뿐 아니라 그들이 불행하게 되기를 열렬히 원합니다.

이러한 감정적인 차용증서를 붙들고 있는 부분이 어디이며 더 나아가 내가 용서해야 할 부분이 무엇인지 파악하여 결단해야 합니다. 용서는 쌍방향이 아니라 일방적인 행위입니다. 그것은 전적으로 자신이 혼자서 하는 것입니다. 상대방이 협조하지 않거나 우리가 용서한 사실을 알지 못한다 하더라도 말입니다.

5단계 : 새로운 시각으로 보기

새로운 시각으로 바라본다는 것은 어떤 사건을 우리의 배경을 통해 일그러진 형상으로 보는 대신 같은 사건을 지금까지와는 다른 각도에서 관찰하는 것, 이른바 관점을 변경하는 것을 말합니다. 예를 들어봅시다. 마음을 상하게 하는 거절을 당할 때 그것을 우리 자신의 인격에 대한 거부로 받아들일 수도 있지만, 시간이 없었거나 그럴 수밖에 없는 다른 사정이 있었다는 상대의 말을 그대로 믿을 수도 있습니다. 이 때 전자의 경우로 해석을 하게 되면 인격이 거부당한 것에 대한 분노와 슬픔, 자책감 등이 밀려와서 괴로울 것입니다. 그런데 후자처럼 생각할 경우, 이 거절의 의미는 사뭇 달라집니다. 단순히 어떤 사정이 생겨서 그럴 수밖에 없었다고 받아들이면 부정적인 마음이 들지 않고 상대방에 대해서도 마음이 편해질 것입니다.

하지만 이러한 관점 변경은 우리가 이 관점을 끌어들여 내면화하려고 적극적으로 노력할 경우에만 가능합니다. 이것들을 돕기 위해 의자에 바꿔 앉은 후 달라진 각도에서 자신의 마음을 아프게 한 사건을 관찰해 볼 필요가 있습니다. 이렇게 관점 바꾸기를 연습하면 보다 용서가 쉽고 긍휼과 사랑을 베푸는 성숙한 삶을 살게 될 것입니다.

저는 상담 훈련 시에 감독자(supervisor)로부터 아버지와 저와의 갈등에 대해 '당신에게도 문제가 있지 않았겠느냐?'는 직면을 받은 적이 있었습니다. 그때는 너무 당황스러웠고 충격과 혼란이 일어났습니다. 그러나 시간이 지나면서 제 모습이 보이기 시작했습니다. 그리고 아버지와의 관계에서 다음과 같은 통찰을 얻게 되었습니다. 출생 때의 여러 문제로 인해 아버지가 나를 외면했다 하더라도 성장한 이후 왜 지속적으로 아버지가 나를 외면하셨을까? 아마도 상처로 인해 저의 자존감이 낮았고, 부정적인 마음과 적개심을 품고 아버지를 대했기 때문에 아버지도 저를 더 좋게 대할 수 없었을 것입니다. 그리고 어릴 때부터 내 인생을 내가 책임져야 한다고 생각하다 보니 자아가 완고하고 분노에 차있어 왜곡되며 순종하지 않는 아들이었을 것입니다. 아버지는 그런 아들을 대하기가 쉽지 않았을 것이라는 생각이 들었습니다.

이렇게 새로운 관점으로 과거를 돌아보니 아버지와 저와의 갈등에 있어서 어렸을 때는 책임이 아버지에게 있었지만 성장한 이후에는 저의 책임이라는 깨달음이 생겼습니다. 저는 가슴 깊이 내 책임을 인정하며 하나님의 은혜를 구했고, 아버지를 넉넉한 가슴으로 이해할 수 있을 뿐 아니라 사랑과 용서의 마음으로 자신의 인생을 세워나가게 되었습니다.

이것이 얼마나 큰 축복인지요.

6단계 : 자기와 화해하기

  도스토예프스키의 『죄와 벌』에서 주인공 라스꼴리니코프는 전당포 주인이며 사회적으로 지탄받고 있는 인색하고 비열한 노파를 도끼로 처참하게 살해합니다. 살해 직후, 그는 죄책감에 시달리며 괴로워하던 중 천사 같은 소녀인 소냐를 만나 그녀에게 모든 것을 다 털어놓습니다. 그리고 그녀의 권고에 따라 경찰에 자수하고 시베리아로 유배됩니다.

  그러나 라스꼴리니코프는 유배지에 가서도 자신의 죄를 인정하지 않고 변명하길 "나는 노파 한 사람을 살해했지만 나폴레옹은 수천, 수만의 사람을 살해했다. 그런데도 나폴레옹을 위해 기념비를 세워주지 않았는가?"라고 항변합니다. 그러나 그는 자유롭지 못했으며 견딜 수 없는 두려움이 그의 마음에 가득하였습니다. 그 후 오랜 방황 끝에 마침내 라스꼴리니코프는 자기 죄를 인정합니다. 그리고 자신을 향한 소냐의 사랑을 받아들입니다.

  『죄와 벌』을 통하여 저는 자기를 용서하지 않고 자기와 화해하지 않는 삶이 얼마나 불행한지 깊이 느꼈습니다. 그렇습니다. 사람들은 범죄한 타인도 용서하지 않지만 자신은 더더욱 용서하지 못합니다. 그러나 하나님은 죄에 대해 완벽한 해결책을 갖고 계셨습니다. 그것은 하나님의 아들인 예수님을 인간이 되어 죽게 하심으로 그에게 전 인류의 모든 죄를 담당하여 죽게 하시는 해결책이었습니다. 그러나 그것은 나를 위해 죽으신 예수님을 믿음으로 구원과 자유를 얻는 길입니다. 그때 진정한 용서가 나의 것이 됩니다. 따라서 용서를 경험한 사람은 그에게 내려진 판결과 수감생활, 심지어 그가 저지른 살인죄마저도 이제는 그와 무관한 전혀 낯선 사실들로 인식하게 됩니다. 그의 죄는 이미 그의 과거가 되었고 그는 대가를 지불한 것입니다. 예수님께서 십자가 위에서 우리의 죄 값을 다 치렀을 때 "다 이루었다"고 소리높여 외쳤습니다. 이것을 헬라어로 말하면 '테텔레스타이' 라고 합니다. 이는 상업적인 말로 '완불되었다', '빚이 다 갚아졌다' 라는 뜻입니다.

  그러므로 자기를 용서할 때 사람은 자신을 판단하는 것이 아니라 수용하게 되며 선과 악 사이의 내적분열이 치료받게 됩니다. 용서가 제공하는 기회는 함께 죽기 위한 기회가 아니라 함께 살기 위한 기회입니다. 용서는 화합으로 향하는 길을 가로막았던 무거운 장애물을 제거하는 의지의 기적입니다.

반면에 용서의 반대편엔 자기 파괴의 과정만이 있습니다. 신학자 라이홀드 니버는 "우리는 원수와 화해해야 한다. 그렇지 않으면 사악하기 짝이 없는 증오의 순환궤도 속에서 양쪽 다 멸망하고 말 것이다."라고 설파했습니다. 자기 화해는 우리 자신을 과거로부터 해방시켜 과거의 부당한 고통으로부터 자유케 할 것입니다.

따라서 진정한 용서를 경험한 사람은 처절한 고통으로부터 풀려나 자기를 객관적으로 볼 수 있고 자아의 탄핵으로부터 자유로울 수 있습니다. 그와 동시에 자신과 타인을 사랑할 수 있는 자유를 얻습니다. 따라서 자기화해는 타인을 용서하는 시초입니다. 그러기에 죄를 지어놓고 가슴 아파하고 좌절하는 것은 다른 한편으로는 하나님께서 모든 죄에 대해 이미 해결하셨다는 것을 믿지 못하는 불신입니다. 이것은 하나님을 한 번 더 십자가에 못 박는 것입니다. 그러므로 자신의 죄를 용서하되 하나님의 마음과 눈을 가지고 그 은혜를 수용하며 자기를 놓아줌으로써 자기와 화해해야 합니다.

자기화해는 다음과 같은 과정을 거칩니다. 첫째, 자기 문제에 대해 정직해야 합니다. 자기 문제와 아픔, 양심의 가책에서 정직해야 합니다. 정직하지 않으면 자기용서가 불가능합니다. 속임수를 포기하고 사실에 직면하는 솔직한 마음이 필요합니다. 만일 정직하지 않으면 자기만족과 자기합리화에 빠지기 때문입니다. 그리고 자기만족은 용서의 모조품입니다. 자기만족에 빠진 사람과 자신을 용서하는 사람의 차이는 마약에 취해 환각에 빠진 사람과 진정으로 행복한 사람의 차이와 같습니다.

둘째, 자부심이 있는 자라도 허물이 있다는 사실을 받아들여야 합니다. 사람은 존경받을 만한 가치가 있을 때 자부심을 가집니다. 자부심을 갖는다는 것은 자신이 특별한 재능을 소유하고 있으며, 하나님의 고귀한 선물임을 알고 자신의 존재를 귀하게 여기는 것입니다. 그러나 자부심이 있다고 해서 허물이 없을 거라고 생각하는 것은 잘못입니다. 자기의 허물과 잘못을 발견했을 때에도 자부심을 갖는 자가 진정한 용서와 화해의 길로 나아갈 수 있습니다. 만일 우리가 이 둘의 차이를 모른다면 자신에 대해 찬란한 갈채를 받을 수 있을지 몰라도 진정한 용서의 순간에는 이르지 못할 것입니다.

셋째, 용기가 필요합니다. 자기용서는 용기에서 나옵니다. 자기용서에 용기가 필요한 까닭은 다른 사람들의 태도 때문입니다. 독선적인 사람들이나 사탄은 우리가 자신을 용서하고 자유롭게 사는 것을 매우 못마땅하게 여깁니다. 그들은 우리가 수치심의 검은 우산을 쓰고 인생 여정을 연민, 좌절, 원망, 비탄, 독선 속에서 저주받으며 살기를 바랍니다.

넷째, 자신의 죄에 대해 구체적이어야 합니다. 만일 무엇 때문에 자기를 용서하는지 그 이유를 구체적으로 밝히지 않는다면 자기질책의 웅덩이에 빠져 자기 용서에 실패할 것입니다. 폭군과 같은 양심의 질책으로부터 자유를 얻을 수 있는 유일한 길은, 자신을 합리화하지 않고 잘못을 구체적으로 밝히고 한 번에 한 가지씩 용서하는 것입니다.

다섯째, 자신을 품어주어야 합니다. 아버지의 사랑을 느껴보지 못한 한 사십대 남자가 부모의 마음으로 자기 내면의 어린아이를 만나 다음과 같이 따뜻하게 이야기합니다.

"네가 얼마나 힘이 들었니…. 네가 얼마나 외로웠니…. 이제는 괜찮아. 내가 너를 도와줄게. 내가 너를 사랑해줄게…."

이것은 부모의 역할을 재연하는 것입니다. 자신에게 사랑이 많은 부모가 될 수 있는 것은 내가 나의 상처를 잘 알며, 그 해결의 원함도 느끼기 때문입니다.

여섯째, 사랑의 삶을 시작해야 합니다. 자신의 죄를 용서하고 화해했다는 사실을 어떻게 증명할 수 있겠습니까? 자신의 과거와 청산하고 사랑의 삶을 살게 되면 죄책감과 게임을 해서 이겼다는 확신이 듭니다. 주님은 결례를 무릅쓰고 초대

받지 않은 식사에 과감히 참석하여 주님의 발치에 털썩 앉아 사랑의 눈물을 흘렸던 한 여인의 행위에 대해 "저의 많은 죄가 사하여졌도다. 이는 저의 사랑함이 많음이라"(눅 7:47)고 말씀하셨습니다.

사랑의 삶은 우리가 자기를 용서했다는 신호이며 우리를 그토록 괴롭히던 죄책감으로부터 풀려났다는 신호입니다. 사랑의 삶은 우리에게 자기를 용서할 권리를 부여합니다. 더불어 우리에게 최소한 자기용서를 시작할 수 있는 능력을 부여합니다. 치료는 서서히 찾아올지도 모릅니다. 그러나 자기질책의 시멘트에 발이 굳어 정지해 있는 것보다 달팽이걸음이라도 걷는 게 훨씬 낫습니다.

7단계 : 타인과 화해하기

나에게 상처를 준 사람을 마음속으로든 실제든 용서했다 하더라도 용서와 화해는 다릅니다. 만일 서로 사이가 멀어진 두 사람이 화해하려고 한다면 양쪽 모두가 화해하려는 마음이 준비되어야 합니다. 따라서 먼저 나 자신이 진정 화해를 원하는지 살펴보십시오. 그리고 상대방의 마음은 어떠한지 살펴봐야 합니다. 만일 상대방이 나와 화해할 마음이 없거나 준비가 되어있지 않아 화해하기를 거절한다면, 기다리는 것이외에 내가 할 수 있는 것은 없습니다. 상대방의 마음이 바뀌기까지 내가 할 수 있는 일이란 그를 용서하고 그가 나와 실제적으로 화해하고 싶은 마음이 들 때까지 기다리는 수밖에 없습니다.

화해가 이뤄지려면 내게 잘못을 범한 사람이 진정한 뉘우침이 있는지 점검해야 합니다. 사과와 뉘우침은 전혀 별개의 것입니다. 때로 사람들은 사과를 빙자하여 교묘하게 뉘우침을 피해 나갑니다. 사람들은 자기에게 이익이 있을 때는 인간관계를 배반하기도 합니다. 그리고 그것이 발각되면 '판단 실수'를 저질러 미안하다고 말합니다. 그들의 죄가 분명 '뉘우침'이라는 지각변동을 필요로 하는데도 그들은 그저 만면에 미소를 지으며 사과하는 것으로 모든 잘못을 때우려 합니다.

마음의 준비가 없는 가벼운 사과나 자신의 허물을 은근슬쩍 피해 나가려는 사과는 뉘우침의 태도가 아닙니다. 이처럼 진정으로 뉘우치지 않고 자신의 잘못을 대충 넘어가려 한다면 화해하는 것을 보류해야 합니다. 왜냐하면 단순한 사과나 행위에 대한 해명은 상대의 마음에 준, 지우기 힘든 아픔에 대한 대가로는 불충분하기 때문입니다. 진정한 화해는 내가 상처 준 것에 대해 온전히 인정하고, 나로 인해 네가 얼마나 마음이 아팠는지 공감하며 진심으로 사과의 말을 하고, 나의 사과를 통해 상대의 상처가 어느 정도라도 아물기를 바라는 준비된 마음이 선행되어야 합니다.

2) 용서의 축복

그 누구도 용서를 강요할 수 없습니다. 그 누구도 의무감이나 책임감으로 용서할 수 없습니다. 의무감의 요청을 뛰어넘어 '인격적 자유'가 동반되는 생생한 틀 속에 가두어야만 상대방을 진정으로 용서할 수 있습니다. 우리는 오로지 자유의사로 용서하든지, 아니면 전혀 용서하지 않든지 둘 중 하나를 선택할 수 있을 뿐입니다. 프레드 러스킨은 『용서』에서 다음과 같이 말하였습니다.

"용서란 다른 누구도 아닌, 바로 당신을 위한 행위입니다. 상대를 용서하고 다시 관계를 맺든, 맺지 않든, 당신은 자유로이 선택할 수 있는 것입니다."

그렇습니다. 용서는 우리의 선택이며 용서할 때 자유와 기쁨을 얻게 되지만 실제로 용서하기란 참으로 어렵습니다. 따라서 우리의 마음에 용서의 횃불이 당겨지길 기대하며 우리가 다른 사람을 용서할 때 받는 축복을 기대해 봅니다.

전인적 건강

롭상은 티벳 사람으로서 조국의 독립을 위해 비폭력 운동으로 투쟁하다가 중국의 감옥에 갇혀 있게 되었습니다. 이 어려운 시기에 롭상은 두 가지 깨달음을 얻게 되었습니다. 그는 중국인의 잔인한 고문과 온갖 악행을 감옥에서 겪으면서 중국인들에게 똑같이 갚아주거나 그보다 더 심하게 복수하고 싶은 마음에 시달렸습니다. 그러면서 잔인한 미움의 감정과 인과응보의 사고방식을 버린다는 것이 얼마나 어려운지 깨달았습니다. 그리고 중국인에 대한 증오심으로 자신을 소모시키고 복수심에 몰두한다면, 결국 자신이 미쳐버리고 말 것이라는 두려움을 느꼈습니다. 이것은 자신을 아끼거나 사랑하는 행동이 아니고 원수 같은 중국인을 이기는 길이 아님을 알았습니다. 그래서 그는 중국인을 용서하기로 마음 먹었습니다. 이것은 자신의 감정을 극복하고 다스려야만 가능한 것이었습니다.

롭상이 중국인을 용서하기로 마음먹어도 중국인이 그에게 가하는 신체적 학대 행위에 대해서는 어찌할 도리가 없었습니다. 이 과정에서 롭상은 더 깊은 깨달음의 수준에 도달했습니다. 중국인들이 그에게 고통을 줄 수 있는 것은 육체이지 정신이 아님을 깨달은 것입니다. 그들은 육체를 괴롭히면 정신도 소유할 수 있을 것이라 생각했지만 정신, 즉 마음을 내어줄 것인가 아닌가는 그 자신의 결정에 달려있는 것입니다. 그의 마음의 평화는 오로지 그가 가진 자세, 무서운 상황에 그가 어떻게 반응하는가에 달려 있었습니다.

뿐만 아니라 롭상은 자신을 감옥에 가둔 사람들에 대해 긍정적으로 생각할 수 있었습니다. 그것은 그 사람들도 자신의 직무가 그러했고, 사상적 배경이 그러했기 때문에 어쩔 수 없었다는 것입니다. 따라서 그들을 있는 그대로 이해하게 되어 더 이상 그들을 미워하지 않을 수 있게 되었습니다. 더 나아가 긍정적인 감정을 유지함으로써, 밤에 편히 잠을 이룰 수 있는 수준까지 도달했습니다. 그래서 중국인들이 아무리 심하게 자신을 고문한다 해도, 그의 마음은 언제나 그가 편안히 휴식할 수 있는 안식처가 될 수 있었습니다.

용서할 때 전인적으로 건강한 삶을 살게 됩니다. 용서는 상대방이 뉘우쳤기 때문에 용서하는 것이 아닙니다. 만약 상대방이 뉘우쳤다면 용서는 자연스러운 것입니다. 그러나 상대방이 뉘우치지 않더라도 내가 먼저 용서를 시작해야 합니다. 용서하지 못하면 나 자신에게 고통이 됩니다. 용서하지 못하면 우리의 내면은 부정적인 감정들로 가득 차게 되고, 그 감정들이 쌓여 견디기 어려워지면 무서운 기세로 분출됩니다. 그것은 무고한 자에게로 향할 수도 있고 아니면 자신에게로 향할 수도 있습니다. 그것은 어떤 방법으로든 새어나올 수 있습니다. 즉 고혈압, 편두통, 위궤양, 설사, 변비, 또는 그 이상의 것으로도 자신에게 괴로움을 입힐 수 있습니다.

데이빗 옥스버거는 "용서하지 않는 원한은 과거의 기억을 물고 놓아주지 않는 불독과 같다."고 주장합니다. 르위스 스메데스는 "용서하는 것보다 용서하지 않는 것이 더 고통스럽다."고 말하면서 "복수는 우리를 과거에 들러붙게 한다. 그리고 그것은 우리로 하여금 그것을 되풀이하도록 운명짓는다."라고 주장하였습니다.

하버드 대학의 미틀만 박사의 연구에 따르면 화를 자주 내는 사람들이 그렇지 않은 사람들에 비해 심장마비를 일으킬 위험이 두 배나 높다고 합니다. 또 듀크 대학의 레이퍼드 윌리엄스 박사는 100여 명의 변호사를 선택하여 '화와 생명 단축'과의 관계를 조사했는데 학창시절 화를 잘 낸 변호사들은 비교적 화를 안 낸 변호사들과 비교해서 50대의 사망률이 무려 다섯 배나 높았다고 합니다. 그러므로 우리는 자신을 위해서 화를 내지 말고 용서의 삶을 살아야 할 필요가 있습니다.

프레드 러스킨은 위스콘신 대학의 한 연구를 인용하면서 용서와 건강은 행위의 빈도에 따라 정비례한다고 하였습니다. 즉 각 개인이 용서했다고 느끼는 양과 그들이 앓고 있는 병의 양은 밀접한 관계가 있다고 합니다. 용서 능력이 출중한 사람은 그렇지 못한 사람에 비해 병리 현상을 훨씬 적게 체험하며, 만성 질병도 적다는 것으로 의학적 진단이 있습니다. 용서와 실제로 보고된 질병 사례 간의 상호관계를 기초적으로 정립하는 데 이 연구는 지대한 공헌을 하였습니다.

뿐만 아니라 테네시 대학은 부모나 친구 또는 연인 때문에 마음에 깊은 상처를 받은 대학생 107명을 대상으로 인터뷰한 내용을 바탕으로 연구를 하였습니다. 처음 몇 번의 인터뷰 동안 이들에게 상처받은 기억을 되살려보게 하고 그 상태에서의 혈압과 맥박, 근육 긴장도, 그리고 땀 분비량을 측정하였습니다. 그 결과 용서한 사람은 용서하지 않은 사람에 비해 혈압과 근육 긴장도, 맥박이 모두 낮아졌음이 확인되었습니다. 용서한 이들은 일상생활에서 스트레스를 훨씬 덜 받고 몸의 질환 증세도 줄었다고 보고합니다.

또한 용서할 때 신앙적으로 성숙하게 됩니다. 용서하지 않음으로 인해 실의에 빠져 있다면, 우리의 생각과 마음은 주님을 바라보지 못하고 그들의 불쾌한 행동과 태도에 매여 있게 됩니다. 그 행동과 말들이 자꾸 생각나서, 마음은 점차 나쁘게 굳어져 가고 상처는 더 깊이 뿌리를 내리게 됩니다. 용서하지 않으면 마치 꽃에 물을 주듯이 상처에 미움이라는 물을 주는 것입니다. 이것은 내 인격을, 미운 그 사람에게 내어주어 그가 나를 지배하도록 하는 것입니다. 미워하는 마음을 갖게 되면 마귀에게 자기 마음을 다 주어 마귀의 정서적 노예가 되므로 지옥의 고통을 경험하게 됩니다. 이때 당신은 스스로에게 증오의 화신이라는 오명을 씌우게 될 것입니다.

용서는 과정입니다. 그런데 중요한 사실은 그 과정 가운데 용서하는 사람의 기억과 상처가 치료된다는 것입니다. 상대방을 용서하여 자유롭게 해주고 싶은데 그 사람이 현재의 자리에 머물러 있기를 고집한다면 그냥 그렇게 하도록 내버려두십시오. 그런 경우라면 나 자신부터 혼자 자유를 향해 날아갈 수밖에 없습니다.

긍정적인 만남

용서할 때 타인과의 관계가 긍정적인 관계로 변화됩니다. 함께 지내기 가장 어려운 사람은 늘 불만에 차 있는 사람입니다. 부정적 감정은 전염성이 강합니다. 늘 화를 내는 사람 옆에서 사는 사람은 그 화를 먹으면서 살게 됩니다. 입만 열면 원망과 증오의 말을 내뱉는 사람과 함께 있으면 처음에는 짜증이 나고 피하고 싶지만, 어느 순간 나 역시 그의 분노와 적개심에 전염되었다는 것을 알게 될 것입니다. 만일 우리 자신이 어쩔 수 없는 상황의 억울한 피해자여서 늘 화를 낼 수밖에 없다면 내 주변에 있는 사람은 나 때문에 다시 분노의 희생자가 되고 악순환이 계속 된다는 것을 알아야 합니다.

오래전에 한 대학교수가 아버지를 살해했던 끔찍한 사건이 있었습니다. 살해당한 아버지는 아들이 자신의 기대를 채우지 못한다고 늘 질책했습니다. 그러나 아들은 아버지의 욕구를 채울 수가 없었습니다. 아버지는 계속해서 아들을 정죄하고 무시했습니다. 아버지에 대한 분노를 쌓아 두었던 아들은 어느 순간에 폭발하여 아버지를 살해하고 말았습니다. 가정은 용서와 사랑을 배우는 곳인데 불행하게도 이 가정은 그렇지 못했습니다. 아들은 아버지를 용서하지 못하고 끝내 그를 죽였습니다.

왜 그렇게 되었을까요? 만약 아들이 용서하는 법을 배웠더라면 아름다운 관계가 창조되었을 텐데 참으로 안타깝습니다. 용서하지 않으면 자신이 미워하는 상대방의 잘못된 부분이 나의 감정을 사로잡아 내가 원치 않아도 미워하는 그의 모습을 닮아가게 되어 나의 인격이 파괴됩니다. 그러나 용서하면 죄의 악순환을 끊을 수 있습니다. 용서하지 않는 마음은 하나님과의 교제를 스스로 끊게 되어 결국 하나님의 모임이나 교회를 분열시키고 파괴합니다. 쓴 뿌리가 자라면 하나님이 주신 은사가 지속적으로 개발되지 못합니다. 그러나 용서하면 성령의 열매를 맺을 수 있고 풍성한 삶을 살아갈 수 있습니다.

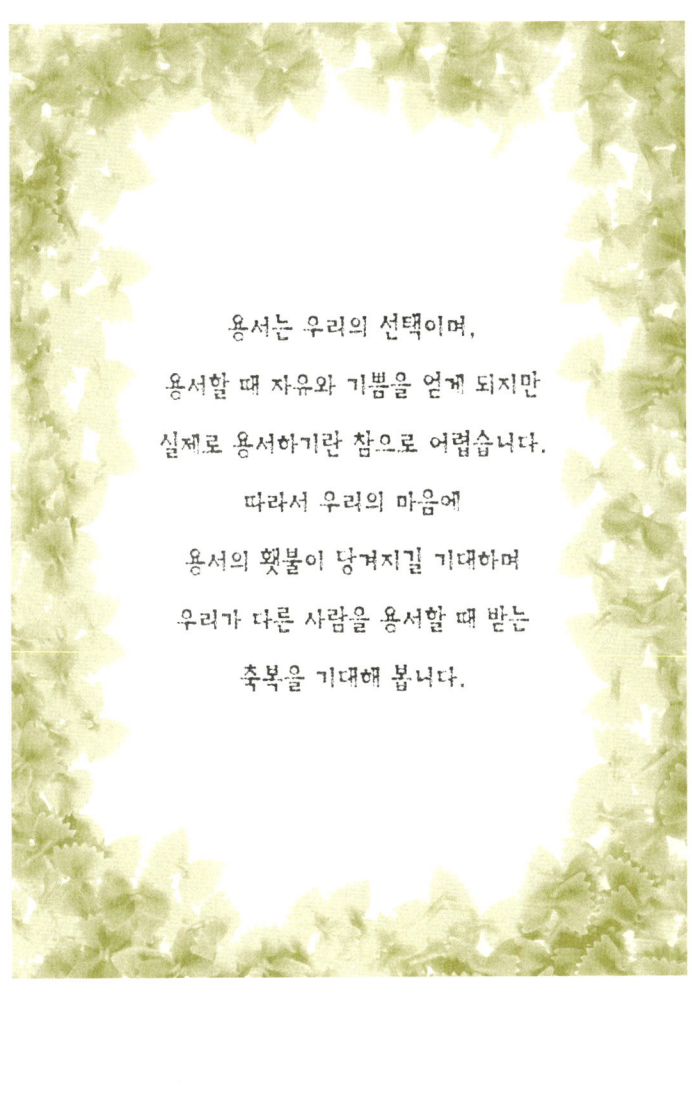

용서는 우리의 선택이며,
용서할 때 자유와 기쁨을 얻게 되지만
실제로 용서하기란 참으로 어렵습니다.
따라서 우리의 마음에
용서의 횃불이 당겨지길 기대하며
우리가 다른 사람을 용서할 때 받는
축복을 기대해 봅니다.

삶의 고통을 직면한 후 오는 보상은 풍부해집니다.
그렇게 되면 하나님께서 본래 우리에게 주시고 싶어하셨던
삶의 균형을 되찾을 수 있고 축제와 같은 인생을
즐길 수 있게 될 것입니다.

4. 인생을 축제처럼 사는 법

4

　하나님께서 처음에 창조한 아담과 이브의 삶에는 하나님과 자신 그리고 이웃과의 사이에 조화와 균형이 있었습니다. 이 말은 하나님께서 인간에게 필요한 모든 것, 인간이라면 누구나 살면서 항상 있었으면 하고 생각해왔던 것, 예를 들면 영적 생명력, 사랑, 다스리는 능력, 통합의 힘, 자유로운 섬김, 내적인 강인함과 선함, 현명함, 이런 것들을 이미 인간 안에 풍성하게 주셨다는 것입니다.
　그런데 타락과 범죄로 인해 조화와 균형이 상실되면서 우리 마음 깊은 곳에는 상처가 생겼고, 하나님께서 인간에게 주신 모든 선물을 마음껏 누리며 살지 못하게 되었습니다. 인간의 마음에 남게 된 상처에는 세 가지가 있는데 그 첫 번째는 원초적 상처로서 죄악으로 가득 찬 이 세상에 태어나 존재한다는 그 자체로서 받게 되는 상처들입니다. 죄로 인해 하나님 품을 떠나는 순간 우리의 마음이 깨져 버렸습니다. 하나님이 우리를 버리신 것이 아니라 우리가 하나님을 떠난 것입니다. 우리가 죄를 지음으로써 하나님과 함께 있을 수 없는 관계가 되어 버렸고, 결과적으로 버림을 받게 되어 마음에 상처를 입게 되었습니다.

또한 타인에 의해 받은 상처로서 부모, 가족, 친구, 그리고 다양한 인간관계를 통해 입게 되는 크고 작은 상처를 말합니다. 마지막으로 자신에 의한 상처로서 개인이 범한 죄의 결과로 입게 되는 마음의 상처가 있습니다. 살인, 강도, 강간 등 큰 죄에서부터 경쟁심, 질투심, 탐욕, 간음과 같은 좋지 못한 행동이나 마음가짐에 이르기까지 죄의식이 수반되는 정서적, 심리적 상처는 개인에게 고통을 안겨줍니다. 이처럼 쓰라린 과거의 경험들은 개인의 기억 가운데 남아 하나님의 은총을 체험할 수 없게 만들고 병적 행동을 유발하므로 인간은 행복한 삶을 살 수 없게 됩니다.

상처로 인해 부정적인 감정의 앙금이 많아지고 불만이 쌓여가면서 고통은 늘어만 갑니다. 그리고 늘어나는 고통을 처리할 능력이 부족하기 때문에 불균형 상태는 점점 더 커지고, 고통을 직면할 힘이 없어서 회피하게 되어 피상적인 인간관계가 만연하게 되었습니다. 이러한 인간에게 사탄은 돈, 명예, 지식, 권력, 지위, 유머나 어리석은 농담, 어리석은 행동, 거만한 태도, 비판하는 말, 조종하는 눈물, 눈치 보기, 위장된 회개와 겸손, 침묵하기, 마음의 벽, TV 보기, 과식, 사치, 술, 도박, 일중독 등 각종 중독에 빠지게 만드는 술수를 제공하였습니다.

그러므로 인생을 행복하고 축제처럼 살기 위해 가장 먼저 해야 할 일은 다음의 두 가지입니다. 첫째는 하나님의 사랑을 있는 그대로 볼 수 있는 눈을 갖는 것입니다. 두 번째는 자신의 내면을 하나님의 사랑으로 다룰 수 있는 능력이 있어야 합니다. 이러한 능력이 있으면 힘든 문제는 사라지고, 삶의 고통을 직면한 후 오는 보상은 풍부해집니다. 그렇게 되면 하나님께서 본래 우리에게 주시고 싶어하셨던 삶의 균형을 되찾을 수 있고 축제와 같은 인생을 즐길 수 있게 될 것입니다. 그런데 우리들에게 이러한 힘과 능력이 없기 때문에 문제가 보여도 그것을 처리할 수가 없습니다. 따라서 진정한 변화를 원한다면 하나님의 사랑을 더 많이 묵상하고 사랑의 능력을 키워나가야 할 것입니다.

1) 변화의 삶

변화의 삶을 살기로 결정하고 나면 그동안 사귀어왔던 친밀한 것과 익숙한 모든 것들을 포기하고 새로운 도전을 시작해야 합니다. 변화의 삶을 산다는 것은 결코 쉬운 일이 아닙니다. 왜냐하면 변화를 위해서는 치러야 할 대가가 있기 때문입니다. 변화하기로 결심할 때 우리 내면에서는 두려움이 일어나게 됩니다. 이때 두려움을 피하려고 하면 그 두려움에 갇히게 되지만, 용기를 가지고 도전하면 두려움은 사라집니다.

변화에 대한 의지

요한복음 5장에 보면 신체적인 마비로 38년을 고통 중에 살았던 사람의 이야기가 소개되어 있습니다. 그는 38년 동안의 병으로 인해 사람들에게 외면을 당하여 심리적으로도 깊이 병든 환자였고, 오랜 세월 동안 버려진 채 외로움이라는 극심한 고통 가운데서 친척도, 친구도 없이 혼자 서서히 죽어가고 있었습니다. 그런데 베데스다 연못에 천사들이 가끔 내려와 온천수처럼 물을 변화시키는데 그때 제일 먼저 물에 들어가면 어떤 병이든지 낫게 된다는 이야기를 듣고는 혹시

나 자기를 연못가에 넣어줄 마음씨 좋은 사람이 있을까 하여 연못가에서 기다리고 있었습니다. 그러나 그 누구도 그의 소원을 들어주기는 커녕 관심조차 보이지 않았습니다.

이렇게 모든 사람의 무관심 속에 버려진 그에게 주님이 찾아 가셔서 만나주시고 "네가 낫고자 하느냐?"라는 이상한 질문을 하십니다. 병든 자가 낫고 싶은 것은 너무도 당연한 것인데 왜 이런 질문을 하셨을까요? 그 이유는 38년 동안 환자로 있었던 그에게는 병이 그의 인생이고 삶이었습니다. 그래서 낫고 싶은 마음도 있지만 한편으론 낫는다는 것이 무엇을 의미하는지, 낫고 난 다음의 삶이 무엇인지, 그 이후에는 어떻게 살아야 할지 막막하기도 하고 두렵기도 할 것입니다. 따라서 치료받고 건강하게 살고 싶은 마음도 있지만 이대로 살다가 죽고 싶은 마음 또한 있는 것입니다. 만약 그가 병이 나으면 사람들은 그에게 더 이상의 관심이나 동정은 갖지 않을 것이고, 직업을 가지고 스스로 돈을 벌어야 하며, 주변 사람들의 기대에 맞추는 삶을 살아야 할지도 모릅니다. 자신을 향한 다른 사람들의 태도와 반응은 달라질 것이며, 그 중 어떤 것은 매우 불편하게 느껴질 것입니다.

따라서 "네가 낫고자 하느냐?"는 예수님의 질문은 근본적으로 '변화되기를 원하는지' 묻는 것입니다. 이 질문에 대한 답변을 하려면 변화되어서 스스로 자신의 삶을 책임질 뿐 아니라 다른 사람까지 책임질 수 있는지에 대해 결단해야 합니다. 공교롭게도 그 사람이 병에서 고침을 받았던 날은 안식일이었기에 유대인들은 "안식일인데 네가 자리를 들고 가는 것이 옳지 아니하다."(요 5:10)고 질책했으며 이것은 변화의 결과로 얻게 된 첫 번째 도전이었습니다.

따라서 "네가 정말 낫기를 원하느냐? 네가 정말 변화를 원하느냐?"는 예수님의 질문은 복잡한 두 마음을 정리하고, 변화하고자 하는 통합된 마음을 가지기를 촉구하는 질문이었습니다. 그러므로 그 상처가 육체적이든, 정서적이든, 영적이든 간에 치유되기를 원하는 사람은 무엇보다도 변화에 대한 의지가 있어야 합니다. 하나님은 인격적인 분이시기에 우리들의 의견과 감정을 무시하고 강제적으로 이끌어가지 않으십니다. 변화하고자 하는 소망이 있을 때 하나님이 우리와 함께 일하십니다. 그래서 주님은 묻습니다.

"네가 낫고자 하느냐? 네가 변화되길 원하느냐?"

변화에 대한 갈망은 치유에 있어 그 무엇보다 중요합니다. 끊임없이 변화하고자 하는 마음이 있어야 삶이 수정되고 치료되기 때문입니다.

변화의 목적-예수를 생각나게 하는 삶

변화하기로 선택하고 실제로 변화의 삶을 살아가기 위해 변화의 목적을 어디에 두어야 할까요? 그것은 내 삶 속에서 예수님을 생각나게 하는 삶의 방식과 사역을 만드는 것입니다.

헨리 나웬은 주님을 섬기고 사람을 섬기는 영적인 원천에 대해서, 무슨 일을 행하는 활동가 보다는 예수 그리스도를 생각나게 하는 삶이 근본적으로 중요하다고 일깨우고 있습니다. 예수 그리스도를 생각나게 하는 삶을 살기 위해서는 다음의 세 가지가 필요한데 그것은 치유 받도록 인도하는 것, 삶을 유지할 수 있도록 돕는 것, 그리고 미래를 향해 나아가도록 이끌어 주는 것입니다.

첫째, 치유 받도록 인도하는 것은 다른 사람들에게 상처받은 자신의 과거를 일깨워 주면서, 자신의 상처와 인류의 상처를 치료하기 위해 희생하신 예수 그리스도를 바라보게 하는 것입니다. 이것은 이 땅의 사람들에게 그리스도의 대리자가 되어 자신 안에 계신 그리스도를 삶을 통해 보여주어야 하는 의무를 지는 것입니다. 이것은 행위에 대한 물음이 아니고 존재에 대한 물음입니다.

둘째, 삶을 유지할 수 있도록 돕는 것이란 단순히 과거의 사건을 기억나게 할 뿐만 아니라 그 사건들을 현재에 끌어들여 지금 이 자리에서 의미를 찾고 그것들을 기뻐하며 사는 것입니다. 다시 말하면 이스라엘 백성들이 과거 애굽의 고통을 회상하면서 현재를 지탱했던 것처럼, 살아 있는 성도는 고통과 시련 가운데에서도 현재 새 생명의 역사를 발견하며, 슬픔 가운데 감추어져 있는 기쁨의 신비를 지금 여기에서 체험하도록 사람들을 일깨워 주어야 합니다. 저 역시도 어린 시절의 상처가 이제는 축복과 유산이 됨을 경험하고 있습니다.

셋째, 미래를 향해 나아가도록 이끌어 주는 것은 과거의 기억을 일깨우고 현재에 의미를 부여하며 비전의 방향으로 이끌어 미지의 영역으로 안내하는 예언자의 역할을 의미합니다. 살아있는 성도는 하나님이 주신 꿈이나 영상을 허황된 꿈과 망상으로 대체하려는 유혹과 대결해야 합니다. 이를 위해 하나님의 말씀이 마음속에 새겨져야 합니다. 즉 하나님의 말씀에 대한 끊임없는 묵상을 통해 바른 영성을 형성하며, 하나님의 말씀이 삶 속에서 육화되도록 하기 위해서 필연적으로 기도의 사람이 되어야 합니다. 그리하여 성도가 곧 치료자나 유지자나 인도자가 되는 것이 아니라, 그 안에 현존하시는 그리스도가 바로 그 역할을 하실 수 있도록 자신은 깨어지는 것입니다. 이로 인하여 우리 안의 보배이신 예수 그리스도를 드러내는 것입니다.

2) 성숙한 삶

인간에게는 두 개의 서로 모순되는 성향이 있습니다. 하나는 성장하고자 하는 성향이고 다른 하나는 과거로 되돌아가려는 성향입니다. 현실이 자신의 능력보다 더 많은 것을 요구할 때 힘든 현실로부터 도피하고 싶고 그것들로부터 벗어나고 싶은 것이 인간의 본성입니다. 상황이 힘들어지면 실패를 두려워하여 포기하고 싶은 것이 인간이지만 힘들수록 성숙을 향한 꿈을 바라보아야 흔들리지 않습니다.

성숙한 사람이 가지고 있는 특성으로는 '비전의 삶을 살기, 다른 사람들에게로 나아가기, 사람들과 사이좋게 지내기, 합리적인 자부심의 발휘, 현실적인 목표 정하기, 삶에 있어 중요한 것과 그렇지 않은 것들을 구별하기, 융통성과 적응력, 그리고 감정적 안정성' 등이 있습니다. 그러나 미숙한 사람은 자신에 대해 집중하는 성향을 가지고 있으며 이러한 자기중심성은 '원한과 편견 가지기, 토라지기, 감정적인 사고, 과장된 열등감, 다른 사람들의 견해에 대한 과도한 관심, 걱정하기, 부모나 가족에 대한 과잉의존, 반항적이고 성내는 태도, 허풍떨기 혹은 약한 자 못살게 굴기, 불끈 화내기, 부정적인 사고, 미루는 버릇, 제멋대로 하기, 다른 사람에게 창피를 주는 유머, 남녀 간의 불장난' 등으로 나타납니다.

성숙의 길을 선택하는 사람은 인생의 과정 중에 나타나는 어려움이나 도전을 적극적이며 긍정적으로 해석합니다. 반면에 미숙한 사람들은 어려움에 압도되어 쉬운 길을 선택하고 도전정신을 발휘하지 못하는 경우가 많습니다. 그러나 편한 삶을 위해 성숙이 아닌 쉬운 삶을 선택해도 힘들기는 마찬가지입니다. 삶이 너무 힘이 들어서 아무 것도 하지 않고 잠시 쉬면 그것은 휴식이 되지만, 아주 쉬게 된다면 그것은 또 다른 고통의 시작이 되는 것입니다. 실제로 일자리가 없어 쉬고 있는 분들은 아무리 힘이 들어도 할 일이 있다는 것이 얼마나 중요한지 온 몸으로 깨닫게 됩니다.

경영학계의 대부라고 일컬어지는 피터 드러커가 13세 되던 해의 일입니다. 필리 글라라는 선생님이 아이들에게 "너희들은 죽은 뒤에 어떤 사람으로 기억되기를 바라느냐?"고 질문하였습니다. 죽는다는 말이 무엇인지도 모르는 아이들이 아무 대답도 못하자 선생님은 이렇게 말씀하셨습니다.

"그럴 줄 알았다. 대답 못할 줄 알았어. 대답을 기대한 것은 아니지만 기억은 해두어라. 너희가 50세가 되도록 이것에 대해 대답을 못한다면 인생을 잘못 산 것이 될 것이다."

그로부터 60년이 지난 후 그 중에 살아있는 사람들이 동창회로 모였는데 모두가 선생님의 질문을 계속 생각하며 살아왔고, 그 질문이 자신을 경성하게 하며 바른 길에 서게 해 주었다고 말하였습니다. 다른 교육은 다 잊어버렸으나 필리글러 선생님의 질문 한 마디가 그들로 하여금 성숙의 길을 가도록 지속적인 자극을 주었던 것입니다.

결국 성숙의 과정은 쉽지 않기 때문에 어쩔 수 없이 실패를 반복할 수밖에 없지만 진정한 실패는 성숙의 길, 그 자체를 포기하는 것입니다.

자신의 삶을 바꾼 사람들

지난 수천 년 동안 사람들은 인간이 1마일(1,600미터)을 4분 안에 돌파한다는 것은 불가능하다는 믿음을 갖고 있었습니다. 그러나 1954년 로저 배니스터는 이 불가능이라는 믿음을 깼습니다. 그는 불가능의 장벽을 깨기 위해서 신체훈련만 한 것이 아니라, 마음속으로 꾸준히 상상을 반복했습니다. 그는 4분 장벽을 깨는 모습을 너무나 강렬한 감정으로 수없이 반복해, 머릿속에 생생한 그림으로 만들었습니다. 그것을 근거로 자신의 신경계에 그런 기록을 만들어내도록 명령을 내린 것입니다.

로저의 성공은 그의 상상에 있었습니다. 1마일을 4분에 돌파하는 장면을 끊임없이 상상하고 훈련했기에 가능했습니다. 그 후 다른 사람들은 로저의 경주를 보고 1마일을 4분 안에 깰 수 있다는 믿음의 상상력을 가지기 시작했습니다. 전에는 누구에게도 4분 벽이란 깰 수 없는 것이었지만, 로저가 그 기록을 깬 후 1년 내에 37명의 다른 육상선수들이 그 기록을 깼습니다. 그가 해낸 기록이 다른 선수들에게 근거를 제공해 주어 그들도 불가능이 가능하다는 확신을 갖게 된 것입니다. 그 다음 해에는 300명의 다른 선수들도 같은 기록을 세웠습니다.

마이클 랜던이란 사람이 있습니다. 수많은 사람들의 삶에 빛을 주었던 그는 약간 비정상적인 경로를 통해 영웅이 되었습니다. 그는 가톨릭을 싫어하는 유대인 아버지와 또 유대인을 싫어하는 가톨릭 신자인 어머니 사이에서 신체적으로, 정서적으로 학대받으며 성장했습니다. 그의 부모는 거의 매일 싸웠습니다. 특히 어머니는 여러 번 자살을 시도했고, 마이클이 자기 또래의 10대 친구들과 어울리는 것도 싫어했습니다. 심지어는 택시를 타고 지나다가 친구들과 놀고 있는 아들을 보고는 차에서 뛰어내려 때리는 등 강박적인 모습이 많았습니다.

이로 인하여 마이클은 고등학교에 다닐 때까지 공포와 정서 불안으로 오줌싸개로 살았습니다. 그리고 얼굴에 경련을 일으키고 자주 딸꾹질을 하는 버릇이 있었습니다. 바짝 마른 그는 얼굴에 항상 두려움이 가득 차 있었습니다. 이런 그가 고등학교 2학년 어느 날, 체육 선생님이 학생들을 운동장으로 불러 모아 낡고 녹슨 투창으로 던지기를 시켰습니다. 그는 자신의 차례가 되자, 그때까지 살아오면서 다른 모든 것에 대해서도 그랬지만, 두려운 마음에 자신감도 없이 투창을 잡았습니다.

그러나 그날 기적이 일어났습니다. 마이클이 던진 투창은 운동장을 벗어나 다른 학생들이 세운 기록보다 거의 10미터나 더 날아갔습니다. 바로 그 순간 마이클은 자신에게도 미래가 있음을 알게 되었습니다.

그는 훗날, '라이프' 지와의 인터뷰에서 "어느 날 내가 다른 사람들보다 더 나은 점이 있다는 것을 발견했습니다. 그리고 그 기회를 잡았지요. 코치에게 그 투창을 빌려서 여름

방학 동안 집에서 연습하게 해달라고 사정했습니다. 나는 던지고 또 던지고 계속해서 던지는 연습을 했습니다."라고 회상했습니다.

마이클은 자신의 마음을 사로잡는 미래가 있음을 발견했던 것입니다. 그는 결사적으로 거기에 매달렸습니다. 그 결과는 아주 놀라웠습니다. 여름방학이 끝나고 다시 학교로 돌아왔을 때 그의 몸은 이미 바뀌고 있었습니다. 그는 고등학교 2학년 때부터 상체 단련을 시작했습니다. 3학년 때 투창 던지기에서 미국 고등학생 기록을 깼고, 체육 장학금을 받고 남캘리포니아 대학으로 진학했습니다. 그의 말을 빌리면 '쥐'가 '사자'로 변하던 순간이었습니다.

그의 이야기는 여기서 끝나지 않습니다. 마이클의 이런 강인함은 부분적으로는 '삼손과 데릴라'라는 영화를 보고 믿음을 갖게 되면서 생긴 것이었습니다. 그는 자기도 머리를 길게 기르면 삼손처럼 힘이 세질 수 있다고 믿었습니다. 그래서 머리를 기르며 믿음을 가지고 열정을 불태웠습니다. 고등학교 다닐 때는 정말 그대로 되었습니다. 그러나 불행하게도 짧은 머리가 유행하던 1950년대에 남캘리포니아 대학에 들어가면서 그의 믿음은 깨져버렸습니다. 짧은 머리를 한 운동선수들이 그를 땅에 메치고는 긴 머리칼을 잘라버렸습니다. 이성적으로는 그렇지 않다는 것을 그도 알았지만 그의 능력은 즉시 사라져버렸습니다. 그의 투창 실력은 거의 9미터나 줄어들었습니다. 과거의 실력을 다시 발휘하기 위해 더 피나는 연습을 했지만 무리하는 바람에 오히려 부상을 당하고 말았습니다. 이제는 더 이상 체육대학을 다닐 수가 없었습니다. 생계를 잇기 위해 그는 공장에서 하역 일을 하게 되었습니다. 그때 그의 꿈은 모두 사라진 것처럼 보였습니다. 육상계의 국제적인 스타가 되겠다는 꿈이 물거품처럼 다 사라졌습니다.

그런데 어느 날 또 한 번의 기회가 그에게 다가왔습니다. 할리우드의 배우를 발탁하는 회사에서 첫 번째 컬러 텔레비전 프로그램인 '보난자'의 막내아들 조 카트라이트 역을 해보겠느냐는 제의가 들어온 것입니다. 그 후로 그는 두 번 다시 뒤를 돌아다보지 않았습니다. 영화배우로서, 영화감독으로서, 영화제작자로서 새로운 삶이 시작된 것입니다.

성숙한 사람은 어떤 경우에도 현재 자신의 위치에서 최고의 삶을 살아갑니다. 최고의 삶이란 주어진 삶에 최선을 다하는 삶입니다. 이런 사람은 하나님의 시각으로 자신을 믿어주며 나아가는 자입니다.

3) 믿음의 삶

확신하는 믿음은 마술적 신앙이 아닙니다. 그것은 감정에 의지하는 것이 아니라 주님의 약속을 붙잡고 그분의 인격을 신뢰하는 것입니다. 성경은 하나님의 사랑을 이렇게 말씀하십니다. "자기 아들을 아끼지 아니하시고 우리 모든 사람을 위하여 내어 주신 이가 어찌 그 아들과 함께 모든 것을 우리에게 은사로 주지 아니하시겠느뇨"(로마서 8:32). 그러므로 확신하는 믿음은 긍정적이고 창조적인 비전을 가진 믿음이라고 할 수 있습니다. 인생은 삶의 문제들, 고질적인 습관들, 성격상의 결함들, 절망적인 가정생활, 직장의 어려움들, 재정문제 등 여러 가지 문제로 인한 압박으로 가득 차 있습니다. 그러나 우리가 믿음으로 주께 기도하고 하나님을 인격적으로 의지하고 나아갈 때, 하나님이 나를 통해서 당신의 위대함을 이루어 나가시는 것을 미리 볼 수 있게 됩니다. 이것이 믿음입니다.

하나님의 사랑에 대한 믿음

산다는 것은 상처를 받는 것이기에 우리 인간은 모두 다 상처 가운데 살아갑니다. 이런 것을 너무도 잘 아시는 하나님께서는 상처받은 우리를 항상 위로해 주시고 치료해주시며 고통 가운데서 우리를 건져주고 싶어 하십니다. 왜냐하면 하나님은 사랑이시기 때문입니다. 그러나 인간의 문제는 하나님의 사랑을 보지 못하고 느끼지 못하는 것입니다. 그래서 우리는 사람에게 상처받고 난 다음에도 하나님께 가지 않고 혼자서 외로운 날들을 보내곤 합니다.

하지만 정말로 기억해야 할 것은 하나님의 사랑이 눈에 보이지 않고 들을 수 없고 느껴지지 않는다 하더라도 그것은 항상 여기 내 안에, 나와 함께 존재한다는 사실입니다. 이것은 믿음을 요구하기 이전에 사실인 것입니다. 다만 우리가 너무 왜곡된 눈을 가지고 있어서 사실을 사실대로 보지 못하기에 하나님께서는 사실임에도 불구하고 믿음을 요구하십니다. 그러나 하나님의 사랑을 온전히 믿는 사람은 상처의 한복판에서라도 그분의 도우심의 손길을 느낄 수 있을 것입니다. 하나님의 사랑은 실존하는 사랑이기 때문입니다.

유치원에 다니는 어린 딸을 키우며 행복하게 살고 있는 어떤 부부가 있었습니다. 어느 날 아내가 이름 모를 병에 걸려 시름시름 앓다가 그만 남편과 어린 딸을 두고 먼저 세상을 떠나고 말았습니다. 남편이 아내를 땅 속에 묻은 후 딸아이의 손을 잡고 돌아오는데 발이 떨어지질 않습니다. 어린 딸을 데리고 간신히 집에 도착하여 문을 열고 들어가 보았더니 방안이 썰렁하기 그지없습니다. 갑자기 외로움과 고독이 밀려들고, 음산하고 스산한 무서움까지 느껴집니다.

밤이 되어 딸아이를 침대에 눕히고 토닥토닥 잠을 재워놓고 난 다음 자기 방에 와서 잠을 청하는데 잠이 오지 않습니다. 그때 어둠 속에서 딸아이 울음소리가 크게 들립니다. 놀라서 달려가 딸아이의 손을 꽉 잡고 달랩니다.

"괜찮아, 괜찮아…."

아이가 울면서 이런 말을 합니다.

"아빠, 캄캄해서 내가 아빠를 보지 못해도 아빠는 나를 보고 있을 거지? 어두워서 아빠가 보이지 않아도 아빠는 나를 사랑할거지?"

갑자기 아빠의 눈에 뜨거운 눈물이 왈칵 쏟아집니다. 아빠는 고개를 끄덕이며 아이에게 이런 확신을 줍니다.

"그럼, 사랑하고 말고…. 아빠는 언제나 너를 쳐다보고 있단다. 언제나 너를 사랑할거야."

딸아이를 위로하고 잠들 때까지 함께 있어준 다음 자기 침대로 돌아와 자리에 누웠습니다. 그런데 갑자기 딸아이의 음성이 또렷하게 귓가에 울립니다.

"아빠, 캄캄해서 내가 아빠를 보지 못할 때도 아빠는 나를 보고 있을 거지? 어두워서 아빠가 보이지 않아도 아빠는 나를 사랑할거지?"

그 순간 그는 자기도 모르게 침대에서 벌떡 일어나 무릎을 꿇고 주님 앞에 엎드려 이런 고백을 하기 시작합니다.

"그렇군요. 주님, 지금 이 순간은 내가 너무 슬퍼서 하나님이 보이지 않습니다. 너무 절망적이어서 하나님을 찾을 수가 없습니다. 그럼에도 불구하고 하나님은 나를 보고 계시지요? 하나님은 내 딸과 나를 사랑하시죠? 하나님, 이 사랑을, 이 놀라운 깨달음을 어린 딸을 통해 내게 가르쳐주셔서 감사합니다."

그는 어린 딸아이의 음성을 통해서 하나님의 마음을 느낄 수가 있었습니다. 이렇게 하나님의 사랑에 대한 믿음이 있는 사람은 아무리 큰 고난 중에서도 소망을 가지고 살아갈 수 있습니다.

하나님 능력에 대한 믿음

빌 하이벨스는 "당신이 하나님의 능력을 확신하면 할수록 하나님은 자신의 능력을 당신을 위해 더 많이 드러내신다."고 말하였습니다. 이 말은 하나님에 대한 분명한 확신을 가지고 우리의 믿음을 드러내면 하나님은 나를 붙드시며, 나를 통해 놀라운 일들을 이루어 나가실 것을 나타냅니다. 믿음이란 하나님이 하실 수 있다는 것을 믿는 것이 아니라 하나님이 하실 것을 내가 믿는 것입니다. 즉 '하나님이 원하시면 하실 수 있지. 암, 그렇고 말고.' 가 아니라 하나님이 하실 거라고 내가 확신하는 것입니다.

세계에서 제일 높은 산 중의 하나인 에베레스트산을 세계 최초로 정복한 에드먼드 힐러리 경은 이렇게 말합니다. "우리가 정복한 것은 산이 아니다. 그것은 바로 우리 자신이다." 내 안에 그 산을 정복할 만한 큰 확신이 있을 때에 산은 드디어 점령되고 마는 것입니다. 객관적으로 산은 항상 그 자리에 존재하지만 그 산에 올라갈 수 있느냐 없느냐 하는 것은 자기 확신에 따라 좌우되는 것입니다. 이처럼 하나님은 능력의 하나님으로 항상 존재하시기에 문제는 그분이 전능자이신 것을 얼마나 믿고 받아들이느냐하는 것입니다. 그렇습니다. 자기 자신이 문제입니다. 부정적이고 상처 많은 사람은 눈에 보이는 객관적 상황 속에서도 자신의 주관적 느낌에 눌려 그 삶이 파괴됩니다. 그러나 내 자신이 나를 다스릴 수 있게 되면 아무리 태산 같아 보이는 문제라 해도 마침내 정복이란 열매를 얻게 됩니다. 여기에 더하여 우리 그리스도인은 내 안에 나 자신을 붙잡고 있는 주관적 느낌인 두려움을 극복하기 어려울 때, 나를 위하여 일하시는 전능하신 하나님, 그분을 의지함으로 이 느낌을 다스릴 수 있습니다.

여기에 믿음의 위대성이 있습니다. 이런 믿음 때문에 낙심을 이길 수 있으며, 쉽게 좌절하고 포기하고 염려하는 자기를 극복할 수 있습니다. 하나님이 나와 함께 하신다는 믿음이 있을 때에 이 모든 것이 가능한 것입니다. 그래서 내 안에 많은 아픔이 있고 아무리 큰 상처가 있다 하더라도 하나님께서 나를 치유하실 것이라는 흔들리지 않는 믿음이 있을 때 우리는 응답의 축복을 누리게 됩니다. 즉 내가 무엇을 구하든 믿음으로 기도했으면 그것은 분명히 내 것이 되는 것입니다.

"그러므로 내가 너희에게 말하노니 무엇이든지 기도하고 구하는 것은 받은 줄로 믿으라 그리하면 너희에게 그대로 되리라"(막 11:24).

믿음의 시각으로 바라보기

신학자 마르셴 푸르트는 "진정한 발견은 새로운 땅을 발견하는 것이 아니고 새로운 눈으로 보는 것이다."라고 말했습니다. 또한 심리학의 한 연구에 의하면 인간에게 일어나는 수많은 사건은 인간에게 10%정도 밖에 영향을 주지 않고,

사건에 대한 해석이 90%의 영향을 준다고 지적하고 있습니다. 따라서 객관적 사건보다 주관적 해석이 얼마나 중요한지 다음의 사람들을 통해서 다시금 확인하게 됩니다.

존 밀턴은 장님이었습니다. 그러나 그는 장님의 한계를 극복하고서 대서사시 '실낙원'과 '복낙원'을 썼습니다. 베토벤은 귀머거리가 되고 난 뒤에 더 훌륭한 음악을 작곡할 수 있었습니다. 헬렌 켈러는 장님에다가 귀머거리였으나 때문에 놀라운 업적을 남겼습니다. 차이코프스키는 결혼에 실패하고 절망해서 자살을 꿈꾸다가 다시 힘을 내고 일어나 그 유명한 비창 교향곡을 만들어 냈습니다. 에디슨은 전등 빛을 발견하기 위해서 만 번을 실패했다고 합니다. 그런데 그는 실패했다고 생각하지 않고 빛을 낼 수 없는 방법 만 가지를 알아낸 것이라고 의욕을 불태웠습니다. 이런 긍정적인 사고, 끊임없이 도전하는 생각 때문에 드디어 빛을 발견했습니다.

많은 성공한 사람들을 볼 때 그들은 문제를 극복하기 위해 몸부림치다가 마침내 위대한 삶을 살게 됩니다. 상황이 문제가 아니라, 삶에 대한 해석이 문제입니다. 긍정적으로 해석하면 긍정적인 결과를 얻게 되어 긍정적인 사람이 되고, 부정적으로 해석하면 부정적인 결과를 얻게 되어 부정적인 사람이 되고 마는 것입니다.

야마모도 야에꼬는 죽은 지 16년 지난 자기 딸을 생각하며 『야에꼬 고맙다』라는 책을 썼습니다. 야에꼬는 제왕절개 수술로 어렵게 얻은 딸이었고 그녀는 이제 더 이상 아이를 낳을 수 없는 상황이 되었기에 온 정성을 기울여 아이를 키웠습니다. 이 아이가 대학생이 되어 멋진 남자친구를 만나 결혼하고 7개월을 행복하게 살았습니다. 그런데 그만 사위는 방광암, 자신의 딸 야에꼬는 위암이라는 사형선고를 받게 되었습니다. 자기의 전부를 걸고 키웠던 딸아이가 결혼해서 행복하게 살 줄 알았는데, 부부가 동시에 사형선고를 받게 되자 어머니는 미쳐버릴 것 같았습니다. 자다가 벌떡벌떡 일어나서 자기도 모르게 몽유병환자처럼 거리를 헤매다니곤 하였습니다.

　그런데 이런 절망적인 상황 가운데서도 딸과 사위는 좌절과 고통 가운데 있는 것이 아니라 오히려 더 겸손히 주님을 바라보았습니다. 병상에서 야에꼬는 예수님을 영접했고 사위와 온 가문이 다 주께로 돌아왔으며 딸 부부는 남은 날들을 주님을 향한 통곡과 금식과 철야기도로 보냈습니다. 사위와 딸은 움직일 수 있을 동안 서로의 병상에 가서 서로 간호했으며 병이 너무 깊어서 움직일 수 없게 되었을 때, 병상에서 몸부림을 치면서 무릎 꿇어 서로의 회복을 위해 기도해 주었습니다. 사위가 너무 괴로워 통증으로 몸부림치면서 새우등같이 몸을 웅크려 감싸 안으면서 이렇게 기도합니다.

"하나님 나의 착한 아내를 살려주세요. 나는 주 앞에 부름받아 가는 것이 행복이지만 주님, 제 아내만은 살려주세요."

그 아내는 핏덩이를 쏟아가면서 남편을 위해 이렇게 기도합니다.

"하나님, 내 남편을 살려주세요. 내가 주 앞에 가는 것은 기쁘지만, 정말 남편은 살려주세요."

두 사람은 6개월 간격으로 죽었고, 죽는 마지막 순간까지 찬송을 불렀습니다. 그들은 마지막에 이런 기도문을 남겼습니다.

"내겐 예수님이 전부입니다. 이 땅에 머무는 것이나, 천국에 가는 것이나 그건 전적으로 하나님의 뜻입니다. 주 예수님 지금도 나는 여전히 당신을 사랑합니다. 당신의 모든 것을 신뢰합니다. 하나님, 나는 세상의 모든 의료를 거부하고 당신 앞에 나아갑니다. 내 영혼을 받아 주시옵소서."

그들의 순결한 영혼은 너무나 아름다웠고 많은 사람의 가슴에 깊은 감동을 주었습니다.

"여인이 어찌 그 젖 먹는 자식을 잊겠으며, 자기 태에서 난 자식을 궁휼히 여기지 않겠느냐? 그들은 혹시 잊을지라도 나는 너를 잊지 아니할 것이라"(사 49:15).

이것이 주님의 마음입니다. 그 부부는 이러한 주님의 사랑을 확신하였기에 고통 중에도 기뻐할 수 있는 마음을 가질 수 있었습니다.

험한 불 가운데 지날 때

1971년 10월, 오클랜드 베이의 불기둥 속에서 수천 명의 거주민들이 집을 잃었습니다. 그들은 한때 자기네 마을이었던 언덕배기가 까맣게 타 버리고 재산이 완전히 사라져 버린 것을 보고는 아연실색했습니다. 불길은 그 길에 있던 모든 것을 살라 버렸습니다. 마을의 한 남자는 자기 외동딸을 위해 뭔가 기억에 남을 물건을 찾느라고 타 버린 재를 체로 걸러내고 있었습니다. 거기서 그는 작은 보물 하나를 발견했습니다. 도자기로 된 작은 토끼 인형이었습니다. 아버지와 딸은 둘 다 놀라워했습니다. 그 모든 소유물 중에 어떻게 이렇게 깨지기 쉬운 물건이 상처 하나 입지 않고 견뎌낼 수 있었는지….

몇 주 후, 다른 난민들도 잿더미가 되어 버린 집 안에서 도자기 제품들이 전혀 손상되지 않은 채 그대로 남아 있는 것을 발견했다고 합니다. 어떻게 그럴 수 있었을까요? 화재가 난 다음 주일, 한 목사님이 자기 집에서 유일하게 깨지지 않은 화병을 들고 강단에 올라 회중에게 이렇게 말했습니다.

"우리 집은 사라져 버렸는데, 이 화병은 이렇게 고스란히 남아 있는 이유를 여러분은 아십니까? 왜냐하면 이 화병은 이미 전에 한 번 불을 통과했기 때문입니다."

가마 속의 불길이 도자기를 강인하게 만들어서 화재를 견 뎌낼 수 있게 한 것처럼, 우리도 하나님께 대한 믿음만 있다 면, 시험 가운데서도 현재는 물론 앞으로도 모든 고난을 견 딜 만큼 강인해질 수 있습니다. '고난의 용광로'를 통과하면 불의 시험을 견뎌낼 수 있게 됩니다. 장차 우리에게 닥칠 어 려움 속에서 우리는 좀더 큰 믿음을 소유하고, 좀더 하나님 의 성품을 닮은 모습이 될 것입니다.

사람이 매 순간 하나님을 바라본다면, 아무리 어려운 환경 이라도 주님과의 관계가 더 깊어질 것입니다. 어떤 위험과 절망, 어려움과 좌절, 심지어 죽음이라도 예수 그리스도와 우리의 관계를 해칠 수가 없고, 그분을 향한 우리의 마음을 흔들 수 없을 것입니다. 이것이 믿음의 시각으로 바라보는 것입니다. 이런 사고를 가진 사람은 그 어떤 상황도 이겨낼 수 있는 힘이 영혼 깊은 곳으로부터 샘솟을 것입니다.

4) 사랑의 삶

 만일 우리가 결코 사랑을 해본 적이 없다면 어떻게 사랑을 할 수 있을까요? 이것은 매우 어리석은 염려이며 걱정입니다. 그리스도인들은 예수님으로 인해 사랑할 수 있는 능력, 다른 사람들의 행복을 위해 살 수 있는 능력을 가지고 있습니다. 뿐만 아니라 우리가 그것을 발휘하는 만큼, 우리는 더 큰 사랑을 경험하게 될 것입니다. 그러므로 처음에는 조금밖에 사랑을 할 수 없다 해도 걱정할 필요가 없습니다. 우리는 그만큼 사랑을 받게 될 것이고 우리가 받게 되는 그 사랑은 점차 우리 자신을 이기적인 자기중심성으로부터 벗어나 결국에는 더 큰 사랑을 주는 능력의 사람으로 성장하도록 도와줄 것입니다.

사랑의 역설

 사람은 누구나 순간순간 외로움과 고독을 경험하게 됩니다. 때때로 삶 자체가 견딜 수 없는 감옥이 되어 고통스러운 공허감을 느끼기도 합니다. 우리 각자는 종종 소외를 느끼며, 집단으로부터 혼자 고립되어 외롭다는 느낌을 받으며 삽니다. 이러한 외로움은 그 본성상 주의력의 초점을 나 자신에게 집중하도록 만듭니다. 그리고 이 공허감과 허기를 만족시키기 위해 나를 사랑해 줄 누군가를 찾으려고 몸부림치게 합니다. 그러나 외로움과 공허감을 다른 사람을 통해 채우려 한다면, 필연적으로 아무런 위안도 얻지 못하게 될 것이며, 더 깊은 쓸쓸함만을 발견하게 될 것입니다. 자신의 욕구를 만족시키기 위한 사랑은 상대에게 집착하게 하고 관계중독을 유발하며 결국에는 관계파괴로 이어지도록 만들기 때문입니다. 자신에 대한 관심과 집중은 자신을 고립시키고, 인격의 성장을 저해하여 더 깊고 고통스러운 외로움을 유발시킬 뿐입니다.

하지만 사랑을 받기보다 주려고 한다면 모든 사람들에게 더 사랑스러워질 것이고 결국에는 확실한 사랑을 받게 될 것입니다. 우리가 이기적 자아로 인해 만들어진 어리석음과 편견의 악순환으로부터 벗어날 수 있는 유일한 방법은, 자기 자신에 대해서만 관심 갖는 것을 멈추고 타인에게 관심 갖기 시작하는 것입니다. 이것이 바로 사랑의 역설입니다. 그러나 이것은 쉬운 일이 아닙니다. 왜냐하면 다른 사람들을 우리의 중심, 즉 마음의 자리에 놓아야만 하기 때문입니다. 심리학자이자 성직자인 에이드리언 반 캄(Adrian van Kaam)은 그의 저서인 『종교와 인격』에서 "만일 우리가 자신의 행복과 자아실현을 추구한다면, 우리는 결코 그것들을 발견하지 못할 것이다. 대신에 우리가 우리 자신을 잊고서 주변에 있는 사람들의 자아실현을 추구한다면, 우리는 자신의 행복과 자아실현을 얻게 될 것이다."라고 강조합니다. 그래서 자신을 설득하여, 사랑을 받은 후에 주려는 것이 아니라, 사랑을 줌으로써 받으려 한다면 행복한 자아실현이 이루어지게 될 것입니다. 그리고 이러한 사랑의 힘이 우리에게 이미 충분히 있음을 믿어야 합니다. 왜냐하면 우리는 하나님으로부터 무궁한 사랑을 받은 자이기 때문입니다.

사랑의 희생

사람들은 누구나 사랑받기를 원합니다. 하지만 역설적으로 사랑의 관계란 아무런 조건이나 보답을 요구하지 않고 기꺼이 우리 자신을 다른 사람들을 위해 헌신하는 것임을 알고 살아간다면, 확실하고 분명한 사랑을 받게 될 것이고 성숙한 태도로 살게 될 것입니다. 또한 우리가 다른 사람들이 행복해지는 것에 관심을 가지고 섬기는 삶을 살게 된다면 분명히 우리 자신의 행복과 자아실현에 도달하게 될 것입니다. 사랑은 실로 귀중한 것이며 해 볼 만한 것입니다. 사랑을 주는 삶이 어려운 것이긴 하지만 사실 그것이야말로 가장 진실하고 가장 영적이며 가장 인간적이고 가장 행복한 삶입니다. 왜냐하면 그것은 자신을 다 품을 만큼 깊고, 전 세계를 다 수용할 만큼 넓고, 그리고 영원까지 포용할 만큼 위대하기 때문입니다. 우리가 사랑하는 것에 동의하고, 또한 우리 자신을 잊어버리는 것에 동의할 때에만 비로소 우리는 우리 자신의 자아를 실현할 수 있습니다. 그것은 하나님의 은총처럼 눈에 띄지 않게, 신비롭게 찾아올 것입니다.

그러므로 우리들 각자 앞에 놓인 도전은 바로 이것입니다. 우리는 작든지 크든지 간에 사랑을 주기 위한 삶을 각오해야 합니다. 사랑을 하려는 노력과 헌신을 아낌없이 쏟을 때 그에 대한 보답으로 사랑을 받게 될 것이고 이것이 다시 자양분이 되어 우리에게 기운을 줄 것입니다. 그런데 우리가 기억해야만 할 사실은, 사랑을 준다는 것은 우리 정신의 초점이 자기중심성에서 타인중심성으로 변함을 의미하며, 또한 보답을 생각하거나 요구하는 것을 버려야 한다는 것입니다. 우리가 "당신은 날 위해서 뭘 하셨나요?"라고 묻게 된다면, 우리는 이미 사랑하기를 그만 둔 것입니다.

예수 그리스도께서는 "나는 너희에게 새 계명을 주겠다. 서로 사랑하여라. 내가 너희를 사랑한 것처럼 너희도 사랑하여라. 너희가 서로 사랑하면 세상 사람들이 그것을 보고 너희가 내 제자라는 것을 알게 될 것이다"(요 13:34-35).라고 말씀하셨습니다. 그리스도께서는 우리가 다른 사람들에게 한 것을 그분 자신에게 한 것으로 받아들이십니다. 예수님은 항상 다른 사람들을 생각하셨고, 자신의 마지막 한 방울의 보혈도 아낌없이 다른 사람을 위해 주셨습니다. 그분께서는 "벗을 위하여 제 목숨을 바치는 것보다 더 큰 사랑은 없다."고 말씀하셨고 실제로 그렇게 사셨습니다. 다른 사람들을 위해 우리의 목숨을 내놓는 것, 바로 이것이 우리가 해야 할 사랑입니다. 우리가 그렇게 하기로 동의할 때에만 우리는 행복을 얻고 자아를 실현하게 될 것이며, 오로지 그때에만 우리는 진정한 크리스천이 될 것입니다.

사랑의 원칙

사랑에는 분명한 방향이 있습니다. 만약 방향이 없는 사랑이라면 그것은 잘못된 사랑입니다. 사랑의 방향은 하나님의 사랑으로 자기를 먼저 사랑하는 것입니다. 이를 위해서 자신을 사랑하는 법을 배워야 합니다. '자기 사랑'은 "네 이웃을 네 몸같이 사랑하라."하신 말씀이 의미하는 것처럼 남에게 베풀어야 하는 인내, 친절, 온순, 용서, 온화 등의 미덕을 먼저 자신에게 베풀어 주는 것입니다. 보배로운 보석인 자신을 인정하지 않고, 자신을 싫어하고 용서하지 않으며 분노와 원망을 퍼붓는 것은 잘못된 행동입니다. 하나님은 우리를 먼저 사랑하셨습니다. 우리는 하나님의 걸작이며 사랑을 받을 만한 가치와 이유를 간직하고 있기 때문에 자기 자신을 사랑하는 것은 하나님께 영광과 찬미를 드리는 행위가 됩니다. 뿐만 아니라 자기를 먼저 사랑하지 않으면 남 또한 사랑할 수가 없습니다.

 자신을 사랑하는 것은 자신의 능력의 한계를 알고, 스스로를 한 피조물로서 받아들이고, 제한된 자신을 있는 그대로 수용함을 뜻합니다. 또한 인간의 어두운 면, 즉 악의 가능성도 받아들임을 의미합니다. 우리는 자신에 대한 참 사랑인 자기애를 이기주의나 개인주의와 혼동하기 쉽습니다. 성경은 적절한 자기애, 자기관심, 자기존중을 격려하며, 자신을 미워하거나 무시하거나 또는 자기비하에 빠지는 것을 기뻐하지 않습니다. 자기 부정은 자신의 가치를 부정하는 것이 아니라 죄와 악한 욕망을 사모하는 자신의 의지를 부정하며 자신의 영광을 추구하지 않는 것입니다.

사도 요한의 사랑

요한복음의 저자인 성 요한에 관한 일화가 있습니다. 그분은 "하나님은 사랑이십니다. 하나님을 사랑한다고 하면서 자기의 형제를 미워하는 사람은 거짓말쟁이입니다. 눈에 보이는 형제를 사랑하지 않는 자가 어떻게 보이지 않는 하나님을 사랑할 수 있겠습니까?(요일 4:16, 20)"라고 설교하셨습니다. 일화에 의하면 성 요한은 그분의 인생 말년에 자신의 발치에 모인 젊은 제자들과 여러 시간 동안 앉아 있곤 하셨다고 합니다. 어느 날 제자들 중 한 사람이 이렇게 불평을 했습니다.

"선생님, 선생님은 언제나 사랑에 관해서, 그러니까 하나님께서 우리를 사랑하신 것과 우리가 서로 사랑해야 된다는 것에 관해서 말씀해 주십니다. 사랑 말고 다른 것에 관해서는 왜 말씀해 주시지 않나요?"

그때 성 요한은 "그 외엔 다른 아무것도 없기 때문이지. 오직 사랑, 사랑, 사랑뿐일세."라고 말했다고 합니다.

사랑의 삶은 길고도 힘든 길입니다. 그것은 희생의 제단입니다. 그것은 자기를 버리는 것이기에 엄청난 대가를 요구합니다. 그것은 그 자체를 위해선 아무것도 구하지 않습니다. 오직 사랑을 위해서 도전하고 창조해 나가는 것입니다.

사도 바울의 사랑

고린도 교회는 저마다 자신이 받은 은사가 더 크다고 내세우며 대립하고 다투었습니다. 그래서 사도 바울은 "너희는 더욱 큰 은사를 사모하라."고 권면했고, 그것은 결과적으로 공동체에 더 큰 유익으로 드러나는 은사를 사모하라는 뜻입니다. 원래 은사는 교회 공동체를 세우기 위해 주어진 것입니다. 성령님께서 은사를 주시는 까닭은 교회에 유익이 되도록 하시기 위해서입니다. 그러나 고린도 교인들은 은사를 받고서도 공동체의 유익을 생각하기 보다는 서로 다투고 분열하였습니다. 그래서 바울은 공동체의 가장 큰 유익으로 드러나는 은사, 가장 좋은 길, 그것이 사랑이라고 강조하는 것입니다. 성령이 충만한 사람은 곧 사랑이 충만한 사람입니다. 하나님이 사랑이시기 때문입니다. 성령충만은 한 순간에 왔다가 사라지는 것이 아닙니다. 그런데 성령충만이 지속되지 않는 이유는 인격이 준비되지 않았기 때문입니다.

인격의 성장과 성령충만은 함께 갑니다. 그런데 이 인격이란 것은 결국 성령충만이요, 성령충만은 곧 성령의 생활 충만이요, 사랑의 능력인 것입니다. 그 사람이 얼마나 성령충만한 영적 사람인가, 그것을 알려면 이기적이고 자기중심적 사고에서 얼마나 이타적이며 예수님 중심의 생각과 삶을 사느냐 하는 것입니다.

성령님의 은사는 인격 변화 없이도 얼마든지 받을 수 있습니다. 인격의 변화와 관계없이 신유의 은사를 받을 수도 있고, 방언도 할 수 있습니다. 그러나 성령님의 열매는 인격의 변화 없이는 맺어지지 않습니다. 성령님의 열매는 인격의 변화 속에서만 맺어집니다. 성령님의 은사를 받는 것도 중요하지만, 인격의 변화 속에서 성령님의 열매를 결실하는 것은 더 중요합니다.

인격의 변화나 훈련 없이 얼마든지 신유나 예언의 은사를 받을 수 있습니다. 그러나 사랑과 화평과 희락과 오래 참음과 자비와 양선은 어느 날 저절로 주어지지 않습니다. 반드시 인격의 변화 속에서 훈련을 통해서만 주어집니다. 대체 누가 이런 훈련을 하겠습니까? 운동선수가 금메달을 따기 위해 땀 흘려 훈련하는 것은 자기 자신을 위한 것입니다. 이에 비해 친절과 충성과 자비와 온유와 절제 같은 훈련은 타인과 주님을 위한 훈련입니다. 그것이 결국은 자기 유익으로 귀결되지만, 일차적으로는 사람과의 관계를 위한 훈련입니다. 가장 성령충만한 영적 사람은 신유, 기적을 베푸는 사람이 아닙니다. 진정으로 성령충만한 영적 사람은 사랑의 사람입니다. 중요한 사실은 인격의 변화 역시 사랑 속에서만 가능하다는 것입니다. 성령의 아홉 가지 열매 중 첫 번째가 사랑인 까닭이 여기 있습니다.

그러면 바울은 사랑을 뭐라고 정의하고 있습니까? 그는 여러 표현으로 사랑을 정의하고 있는데, '사랑은 …가 아니다.' 라는 소극적 정의가 있고, '사랑은 …이다.' 라는 적극적 표현이 있습니다.

먼저 사랑의 소극적 정의는 다음과 같습니다.

첫째, 사랑은 투기하는 자가 되지 않습니다. 사랑을 깨뜨리는 첫 출발점이자 원인이 시기입니다. 시기는 그릇된 경쟁의식의 산물이기에 항상 상대적인 우월감이나 열등감으로 귀결되어 고통을 안겨줍니다. 우리 안에 이기심이 일어나면 우리가 구원이나 그 이후가 성령님께서 거저 주신 선물임을 망각하고 마치 자기 능력이나 노력으로 얻은 것처럼 서로 시기하며 자신을 더 크다고 내세웁니다.

둘째, 사랑은 자랑하지 않습니다. 자랑은 자기 자신을 내세워 사람들 앞에 드러내 보이고 싶어하는 것입니다. 자기의 우월한 점을 과시하거나 열등감을 감추기 위해 자신을 계속 과장하게 됩니다. 내가 계속 자랑하면 내 주변의 사람들은 자연히 짓밟히게 됩니다. 사랑은 섬기는 것이기에 자기자랑은 사랑이 아닙니다.

셋째, 사랑은 교만하지 않습니다. 교만의 헬라어 단어는 '부풀게 하다'는 의미를 가지고 있습니다. 교만은 실제의 자기보다 자신을 훨씬 높고 큰 사람으로 착각하는 것입니다. 실제 자기 자리보다 훨씬 높은 자리에 자신을 앉히는 것입니다. 그 부풀려진 허상의 자리에 앉으면 모든 사람이 눈 아래로 보입니다. 사랑은 상대방의 눈높이에 내가 맞추어 주는 것인데, 교만의 자리에 앉으면 상대방을 무시하게 됩니다. 그 상태에서 사랑은 불가능합니다.

넷째, 사랑은 무례히 행치 않습니다. 무례하다는 의미는 그 사람의 존엄과 명예를 인정하지 않는 것을 의미합니다. 상대방을 함부로 대하고, 그의 존재와 인격을 존중하지 않으며 가볍게 대하는 것입니다. 이것은 한마디로, 상대를 비인격적으로 무시하고 비하시키는 것입니다.

다섯째, 사랑은 자기의 유익을 구치 않습니다. 자기의 유익이란 경제적인 유익만을 의미하는 것이 아닙니다. 나에게 속한 모든 것, 나의 기분, 감정, 나의 몫 등 무엇이든지 자기의 유익만을 일방적으로 구하지 않는 것이 사랑입니다. 사랑이 없으면 내 것만 생각하고, 내 기분과 감정만 중요합니다. 사랑이 없으면 자기 것만 집요하게 구합니다. 사랑이 없는 사람은 그 누구도 안중에 없고, 자기만 기분 좋고 배부르면 되는 지극히 이기적이고 독선적인 모습을 보여줍니다.

여섯째, 사랑은 성내지 않습니다. 여기서 말하는 '성'은 '발작적인 분노'를 의미합니다. 발작적인 분노는 결국 자기 자신에게뿐 아니라 타인에게 날카로운 흉기가 되는 것을 의미합니다. 자신도 해치고 남도 해치는 것입니다. 성경은 우리가 화를 낼 수 있음을 인정하고 있습니다. 단지 분을 내어도 죄를 짓지 말라고 권면합니다. 자기 자신을 흉기로 만들지 말라는 뜻입니다.

일곱째, 사랑은 악한 것을 생각하지 않습니다. 여기서 '생각하다'는 의미는 '계산하다', '숙고하다'는 뜻입니다. 악은 한마디로 '공동선을 해치는 것'입니다. 공동선을 해치는 악을 생각하고, 심사숙고하고, 그 방법을 계산하는 이유는 그 사람이 자기의 유익만을 추구하고 싶은 마음 때문입니다. 사랑은 더불어 살기 위한 공동선을 추구하는 것이므로 악을 생각할 수 없습니다. 따라서 우리가 정말 사랑의 사람이 되기 위해서는 항상 공동선을 생각해야 합니다.

마지막으로 사랑은 불의를 기뻐하지 않습니다. 사랑은 모두를 생각하는 힘이기에, 아무리 나에게 많은 유익을 주어도 남을 해치는 불의에 동조하거나 따라가지 않는 것입니다.

이번에는 사랑의 적극적 정의에 대해 살펴보겠습니다.

첫째, 사랑은 오래 참습니다. 참는 것은 우리가 대항하고 싶지만 힘에 눌려 체념하는 소극적 의미의 참음에서부터, 능히 상대를 제압하여 긍정적인 분위기를 만들어가는 적극적인 참음까지 다 포함하는 것입니다. 참지 못하면 끝납니다. 사랑은 먼저 참음으로 자신을 자제하고 다스립니다.

둘째, 사랑은 온유합니다. 온유는 두 가지 의미가 있습니다. 하나는 자신을 잘 다스려 정서적 통합을 이루는 것이고 다른 하나는 친절입니다. 여기에서는 친절의 의미가 강합니다. 사랑은 친절합니다.

셋째, 사랑은 진리와 함께 기뻐합니다. 이것은 진리를 배우는 기쁨을 넘어 진리를 그 삶에 적용하며 그 배운 말씀대로 순종하여 살아보려 하는 것입니다. 이것은 참 어려운 수준입니다. 그러나 기쁘게 감당해야 합니다.

넷째, 사랑은 모든 것을 참습니다. 참는다는 말은 상대를 위해 지붕이 되어 준다는 의미입니다. 사랑은 상대의 약함, 추함, 허물을 덮어줍니다. 마치 노아의 세 아들 중에 셈과 야벳이 포도주에 취해 하체를 드러내고 잠든 아버지의 허물을 덮어 주는 것과 같습니다. 그러나 함은 밖에 나가 아버지의 허물을 떠벌렸습니다. 그는 아버지를 사랑하는 방법을 몰랐던 것입니다. 사랑하는 사람의 허물을 덮어 준다는 것은, 내가 그의 허물에 압도당하지 않는 것입니다. 그것은 인간의 존엄한 존재와 실수하는 행위를 구분할 수 있어야 가능합니다.

다섯째, 사랑은 모든 것을 믿습니다. 사랑은 상대의 미흡함에도 불구하고 그를 통해 하나님의 귀하신 뜻이 이루어질 것을 믿는 것입니다. 따라서 하나님과의 수직적인 관계가 확립되어 있지 않고서는 사람을 사랑하기 어렵습니다. 그 수직적인 관계 속에서만 하나님을 믿기에 사람을 또한 믿을 수 있습니다.

여섯째, 사랑은 모든 것을 바랍니다. 우리가 누군가를 사랑한다면 현재의 문제를 넘어 그의 가능성을 사랑하는 것입니다. 그의 미래가 잘 되기를 소망하는 것입니다. 상대에 대하여 소망을 가지면 상대를 대하는 나의 분위기와 표정이 달라지고, 내가 하는 말의 수준이 달라집니다.

일곱째, 사랑은 모든 것을 견딥니다. '견디다' 라는 말의 의미는 내가 상대방 아래에 서는 것이며 그때 진실로 그 사람의 입장을 이해할 수 있습니다. 그리고 자연스럽게 견딜 수 있습니다.

사랑의 동인

사랑은 누가 하는 것이며 어떻게 해야 할지 살펴봅시다. 첫째, 사랑은 '서로' 하는 것입니다. 만약 누군가의 사랑을 요구하고 싶다면, 그로부터 사랑받기 원하는 만큼 내가 먼저 사랑해야 합니다.

둘째, 사랑은 반드시 공동체의 유익으로 귀결되어야 합니다. 그때 나의 사랑이 아름답게 확인됩니다.

셋째, 사랑은 어떤 경우에도 실패하지 않습니다. 내가 누군가를 예수님의 말씀대로 사랑했는데도 그가 나의 사랑을 받아주지 않았다면, 그것은 그의 문제일 뿐입니다. 나는 전혀 실패하지 않았습니다. 사랑 그 자체에는 실패가 있을 수 없습니다.

마지막으로, 사랑의 동인이 하나님이십니다. 예수님이 십자가에서 마지막 숨을 쉬실 때 옆의 십자가에 달린 흉악한 범죄자가 간청합니다.

"주여 나를 구원하소서."

이 남자는 보통 중죄인이 아닙니다. 이 무도한 죄인에게 예수님은 단 한순간의 망설임도 없이 은혜를 베푸십니다.

"오늘, 네가 나와 함께 낙원에 있으리라."

예수님은 참회한 죄인에게 그렇게 말씀하십니다. 이것이

우리가 따라가야 할 길입니다. 예수님처럼 우리도 먼저 손을 내밀어 사람들을 하나님 나라로 초대해야 합니다. 하나님을 모르는 사람들이라도 '은혜', '사랑'을 떠올리게 되는, 그런 사람이 되어야 합니다. 고민이 생기면 가장 먼저 전화하고 싶은 사람, 엄청난 실수를 저질러도 그 사람이라면 정죄하지 않고 위로하고 도와주는 사람, 곤경에 빠졌을 때 찾아가면 반드시 도움을 주는 사람, 이런 사랑의 사람이 되어야 합니다.

5) 상처 입은 치료자

상처입은 치료자

우리들은 모두 연약하기에 상처를 입을 수밖에 없고, 상처를 입으면서도 다른 사람을 사랑해야 하는 삶을 살도록 주님의 초청을 받았습니다. 사랑의 실체로 오신 예수님은 하늘 나라의 놀라운 비밀과 축복 안에 거하시면서 우리에게 그 사랑을 알려주셨습니다. 참 인간으로서 인간의 연약함과 고통을 손수 체험하시고 우리의 고통을 전인격적으로 공감해 주셨습니다. 주님은 그 누구보다 가난한 삶을 살았기에 가난한 자의 고통을 아셨습니다. 주님은 죄의 유혹도 받으셨고 핍박도 받으셨습니다. 배척도 받았고 거절도 받으셨습니다. 외로움과 고독도 체험하셨습니다. 심지어 죽음의 공포로 인하여 밤새도록 신음하신 적도 있었습니다. 날이 새면 겟세마네에서 십자가에 못 박혀 죽게 되는 그 고통을 미리 내다보며 너무 두렵고 무섭고 괴로워 땀이 변하여 피가 되기까지, 한 인간으로서 처절히 자신과 싸우시기도 하셨습니다.

예수님의 생애는 한마디로 상처받는 생애였습니다. 그분은 사람들로부터 상처받았을 뿐만 아니라 하나님으로부터도 상처받았습니다. 전 인류의 죄의 짐을 지고 십자가에 달리실 때 사람들뿐만 아니라 자신의 아버지 되시는 하나님마저도 그를 외면했기 때문입니다.

하지만 그분은 불평하지 않았고 남에게 책임을 전가하지도 않았습니다. 사람을 사랑했고, 하나님을 사랑했기 때문입니다. 상처를 홀로 체험하시면서 사랑으로 자기 상처를 극복하고 더 나아가 상처 입은 다른 영혼을 위로하는 축복을 베풀어 주셨습니다. 이러한 주님의 삶은 상처 입은 치료자로서의 삶입니다. 예수님을 사랑하는 자는 예수님처럼 상처 입은 치료자로 살고 싶어 할 것입니다. 왜냐하면 상처 입은 형제를 싸매어주는 삶을 사는 것이 사랑의 은혜를 입은 자의 삶이기 때문입니다.

상처입은 치료자에게 필요한 것

그렇다면 우리도 예수님처럼 상처 입은 치료자가 되기 위해서는 무엇이 필요할까요?

첫째, 인간이 얼마나 소중한 존재인지 깨달아야 합니다. 인간의 가치를 성경에서는 심히 귀한 존재, 예수님의 목숨과도 바꿀 만큼 귀한 존재로 보고 있습니다.

어떤 미국 사람이 프랑스 여행을 하다가 프랑스 시골의 시장에서 아주 특이하게 생긴 오래된 목걸이를 저렴한 가격에 구입했습니다. 그리고 미국에 돌아가려고 세관을 통과하는데 의외로 아주 높은 세금을 부과하기에, 비싸지도 않은 물건인데 높은 세금을 매기느냐고 항의를 했더니 이것은 고가의 물건이라고 하더랍니다. 그래서 세금을 내고는 보석상에 가서 그 목걸이를 감정했습니다. 확대경을 가지고 한참 동안 그 목걸이를 보던 감정사가 놀라면서 "손님, 이 목걸이가 보통 목걸이가 아니네요. 좀 보시지요."하고 말하는 것이었습니다. 확대경으로 보았더니 거기에 '죠세핀에게. 보나파르트 나폴레옹'이라는 나폴레옹의 서명이 있었습니다. 외형적으로는 낡았지만 나폴레옹의 서명 하나가 목걸이의 가치를 높인 것입니다.

우리들 각각의 내면에는 나폴레옹의 서명과는 비교도 할 수 없는 창조주 되신 하나님의 서명이 있습니다. 그것은 우리 안에 있는 하나님의 형상입니다. 그러므로 인간은 너무나 소중한 하나님의 작품입니다. 내 영혼 속에 하나님의 생명이 거하며 내 존재 안에 하나님의 숨결이 살아 숨쉬고, 내 삶 속에 하나님의 간섭하심이 있습니다. 그리고 내가 죄 가운데 있을 때에도 나를 그대로 버려 둘 수 없어서 독생자 예수 그리스도를 보내시고 나를 구원하신 하나님, 그 하나님의 사랑 때문에 나와 너, 그리고 인간은 너무나도 소중한 존재입니다.

둘째, 나를 사랑하는 하나님과 공동체를 경험해야 합니다. 하나님에게서든 사람에게서든 진실한 사랑을 얻기만 한다면 삶의 치료는 시작됩니다. 사랑으로 인한 치료는 순환 과정을 통하여 사람뿐 아니라 하나님과의 관계까지 확대되면서 그 폭이 커지고 자유로움을 누리게 되는 것입니다. 그러나 치료의 핵심은 하나님의 사랑입니다. 가슴 깊이 사랑의 원천되시는 하나님을 체험하게 되면 상처가 치료됩니다. 하나님의 한없는 긍휼 때문에 상처를 딛고 담대히 설 수 있는 힘이 생길 뿐 아니라 다른 영혼을 향하여 돕는 자가 될 수 있습니다.

일본의 성자라고 일컬어지는 가가와 도요히꼬는 시장인 아버지와 기생이자 첩인 어머니 사이에서 태어났습니다. 그는 아버지와 함께 살면서 본처의 자식들로부터 너무나 많은 학대와 무시, 배척과 조롱을 받으면서 '나를 왜 낳아서 이런 고통을 겪게 하는가!' 라는 분노 때문에 견딜 수가 없었습니다. 그가 21세가 되었을 무렵, 그는 폐결핵으로 사형 선고를 받고 삶이 저주로 느껴져 자살을 시도하기까지 했습니다. 어느 날 자기의 한스러운 생애를 비관하면서 동네 어귀에 앉아서 한없이 시름에 잠겨 있는데 구세군 전도단이 "하나님은 모든 사람을 사랑하십니다. 하나님은 누구든지 사랑하십니다."라고 외치는 소리를 듣게 되었습니다. '아니 내 아버지도 나를 사랑하지 않고 내 형제도 나를 사랑하지 않는데 하나님이 누구길래 모든 사람을 사랑한단 말인가.' 그 말이 너무 놀랍고 생소해서 다가가서 물어보았습니다.

"정말로 하나님은 누구든지 사랑합니까?"

그러자 전도 대원이 "그렇다."고 말하고는 가가와 도요히꼬에게 예수 그리스도의 십자가의 도를 전하였습니다. 그는 충격과 도전을 받았지만 여전히 자기 인생의 문제로 탄식하며 자기연민과 좌절로 밤잠을 못 이루고 사색과 고민에 잠겼는데, 갑자기 그의 머릿속에 들어오는 빛이 있었습니다.

그때 큰 깨달음이 일어나기 시작했습니다. 그것은 예수님의 십자가는 종말의 상징이 아니라, 새 출발의 표시라는 진리였습니다. 그래서 그 자신도 폐결핵으로 죽음을 기다릴 것이 아니라 '예수님처럼 의미 있게 살다 죽자.' 라는 다짐을 하였습니다. 이튿날 새벽, 청년 가가와는 소달구지에 짐을 싣고 빈민굴로 들어가 가난한 사람들의 친구가 되었습니다. 그리고 빈민굴에서 피를 토하며 헌신했는데 놀랍게도 72세까지 살면서 많은 저술과 사랑의 헌신을 할 수 있었습니다. 죽음을 앞에 두고 예수님 때문에 새로운 비전의 삶을 살았던 것입니다. 그래서 그가 쓴 책이 『사선을 넘어서』입니다. 그는 한평생 예수를 따르는 거룩한 삶을 살아서 일본의 성자요, 세계에서 주목받는 사랑의 사람이 되었습니다.

마가복음은 이렇게 말씀합니다. "네 마음을 다하고 목숨을 다하고 뜻을 다하고 힘을 다하여 주 너의 하나님을 사랑하라"(막 12:30). 그리스도의 사랑이 내 몸과 영혼의 틈새마다 가득 채워져 있어야 합니다. 그리스도께서 계시지 않은 어떤 공간이나 틈이 있어서도 안 됩니다. 내 마음과 영혼에 '출입금지'나 '접근 금지' 지역이 있으면 안 됩니다. 이러한 맥락에서 주님은 외칩니다. "무릇 내게 오는 자가 자기 부모와 처자와 형제와 자매와 및 자기 목숨까지 미워하지 아니하면

능히 나의 제자가 되지 못하고"(눅 14:26). 이 말씀은 사랑의 몰입과 헌신을 말하는 것입니다. 그리스도를 향한 사랑이 내 삶을 모두 지배해야 합니다. 그리스도를 향한 사랑이 너무 커서 그리스도와 나 사이를 가로막는 다른 그 어떤 것도 배척할 정도로 그리스도를 사모하는 것입니다. 그것이 가족일지라도 마찬가지입니다. 예수 그리스도보다 더 사랑하는 사람은 있을 수 없습니다. 내 아내나 남편이라도, 자녀나 심지어 나 자신조차도 ….

그래서 그리스도와 나 사이에는 그 어떤 것도 들어올 수 없고 존재해서도 안 됩니다. 그러나 놀라운 것은 주님께 대한 이런 사랑이 다른 사람에 대한 사랑을 조금도 감소시키지 않는다는 것입니다. 예수님을 사랑하면 할수록 다른 사람을 사랑할 수 있는 능력이 증가합니다. 여기에 진실한 만남이 있고 아름다운 공동체의 형성이 있습니다.

셋째, 진실한 사랑을 나눌 수 있는 한 사람을 만나야 합니다. 보스턴의 한 병원 지하 병동에 어떤 소녀가 격리 수용되어 있었습니다. 이 소녀는 정신질환이 너무 심해서 사람들이 다가오면 괴성을 지르고 사납게 공격을 퍼부었습니다. 의사들은 그 소녀를 치료할 수 없었습니다. 그래서 회복 불가능을 선언하고 소녀를 독방에 감금했습니다. 소녀의 부모도 더 이상 어떻게 할 수가 없어서 그 소녀를 버렸습니다. 차라리 태어나지 않았으면 좋았을 것이라고 안타까워하면서도 그녀를 포기할 수밖에 없었습니다. 그런데 그 소녀를 불쌍히 여긴 은퇴한 늙은 간호사가 있었습니다. 그녀는 소녀에게 사랑을 쏟기 시작했습니다. 소녀는 먹을 것을 주면 집어던지고 말을 건네면 침묵으로 일관하고 가까이 다가서면 으르렁거렸습니다. 그러나 그 간호사는 6개월 동안 변함없이 계속 사랑을 주었습니다. 마침내 이 소녀의 마음이 움직이기 시작했습니다. 자신을 진심으로 사랑해 준 간호사 때문에 이 소녀는 사람을 사랑하고 수용하게 되었으며 인격적인 만남이 어떤 것인지 알아가게 되었습니다. 그리고 정신질환에서 치료되어 새 삶을 살게 되었으며, 다른 영혼을 향하여 봉사의 삶을 살게 되었습니다. 그 소녀의 이름은 앤 설리반으로 나중에 자기처럼 마음 문을 열지 않는 헬렌 켈러를 사랑과 인내로 교육함으로써 헬렌을 세계적인 인물로 키워내는 사람이 되었습니다. 마음의 병을 치료하는 최고의 약은 따뜻하면서도 일관된 만남과 진실한 사랑입니다.

넷째, 자신이 연약한 존재이며 상처 입은 존재임을 인정할 때 새로운 나로 살 수 있음을 알아야 합니다. 인간은 누구나 자신을 억압하고 포장합니다. 특히 우리 민족이 더 그렇습니다. 우리의 상처가 치료되려면 아픈 곳을 진실하게 말할 수 있는 용기, 나의 모습 그대로를 드러내는 용기가 필요합니다. 그런데 사람들이 마음 중심에 있는 상처와 악을 말할 수 없는 이유는 그러한 나를 과연 사랑해 줄 사람이 있을까 하는 두려움과 불신 때문입니다. 그러나 주님은 그런 나를 여전히 사랑하시며 상처를 치료해 주시고 나의 악을 용서해 주십니다. 그러므로 하나님의 무조건적 사랑을 경험한 사람은 함께한 동료나 내담자가 아무리 악하고 부정적이라 할지라도 그를 받아주고 믿어줄 수 있습니다. 때문에 나를 신뢰해 주는 사람 앞에서 나를 드러낼 수 있는 용기가 있어야 합니다. 이러한 진실한 만남이 있을 때 새로운 존재로서 한 인간을 만들어내며 또 다른 사람을 사랑의 삶으로 이끌 수 있습니다.

저는 이런 경우를 빅토르 위고가 쓴 위대한 작품 『레미제라블』의 주인공인 장발장을 통해 보게 되었습니다. 이 이야기는 장발장이 물건을 훔쳐 19년을 감옥에서 살다가 출옥하는 이야기로 시작됩니다. 출옥 이후에 모든 사람이 그를 외면하지만 밀리에르 신부는 따뜻하게 그를 맞이해 줍니다. 저녁을 먹고 난 후 잠을 자려는데 머리에 아른거리는 은촛대를 보고 본능과 충동을 억제하지 못한 채 침대에서 일어나

촛대를 훔쳐 도망갑니다. 그러나 곧 경찰에 붙잡혔고 은촛대의 출처를 다그치며 묻자 성당에서 훔쳤다고 실토하고 맙니다. 경찰이 그 말이 사실인지 확인하기 위해 성당을 찾아가 신부에게 묻게 됩니다. 그때 신부는 "내가 두 개를 주었는데 왜 한 개만 가져갔습니까? 이것도 마저 가져가십시오."라고 말하며 한걸음 앞선 사랑으로 그를 맞이합니다. 장발장은 꿈을 꾸는 듯 신부를 바라봅니다. 장발장은 자신을 도둑놈이며 죄수로 봅니다. 그런데 신부는 고귀한 인격체로 그를 존중합니다. 이때 장발장의 눈이 새롭게 열리면서 신부가 자기를 보는 그 시각으로 자신을 보게 되는 놀라운 전환이 일어납니다.

    결국, 신부의 사랑은 장발장의 마음에 새로운 세계를 열어 주었습니다. 그는 신부의 눈을 통해 새로운 눈으로 자기를 보고 새로운 자기로 살게 됩니다. 새로운 삶을 살기 위해서는 무엇보다 내가 나를 바라보는 시각이 바뀌어야 합니다. 이때 자신에 대한 새로운 인식이 일어나면서 삶을 다르게 보기 시작합니다. 이러한 시각의 전환은 참 사랑을 경험할 때 갖게 되는 것입니다. 그렇습니다. 사랑하는 마음은 천국을 만듭니다. 사랑의 문화는 따뜻하게 감싸 안는 문화요, 베푸는 문화입니다.

그러므로 우리는 모든 관계에서 진실로 격려하며 칭찬하며 축복을 베풀어야 합니다. 이것이야말로 인간을 인간답게 할 뿐 아니라 더 나아가서 우리의 삶에 자유와 기쁨과 해방을 주는 문화라고 말할 수 있습니다. 바로 이 문화가 성경적이며 기독교적인 문화입니다. 성경적인 문화 속에 살고 있음에 감사하면서 나의 연약함을 드러내려는 도전을 계속하는 사람은, 자신을 치유할 뿐 아니라 다른 사람의 상처도 치유할 수 있는 능력을 갖게 되는 것입니다.

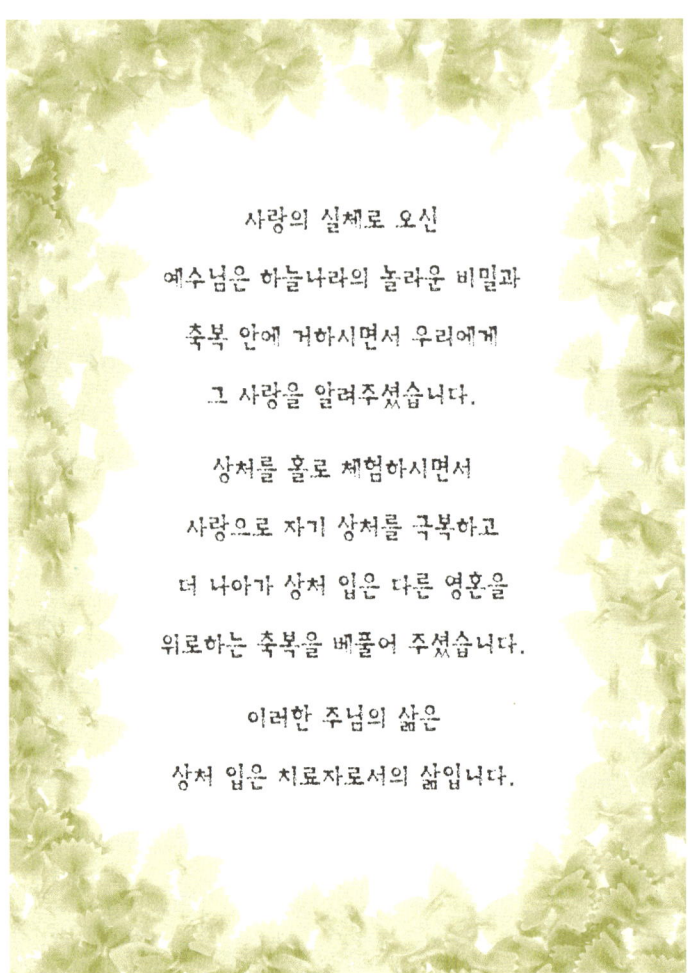

사랑의 실체로 오신
예수님은 하늘나라의 놀라운 비밀과
축복 안에 거하시면서 우리에게
그 사랑을 알려주셨습니다.

상처를 홀로 체험하시면서
사랑으로 자기 상처를 극복하고
더 나아가 상처 입은 다른 영혼을
위로하는 축복을 베풀어 주셨습니다.

이러한 주님의 삶은
상처 입은 치료자로서의 삶입니다.

| 마치는 글 |

　미국의 홉킨스 대학에서 볼티모어 빈민가 청소년을 심층 면접하여 조사한 결과 그들의 100%가 미래에 희망이 없다고 결론 내렸습니다. 25년 뒤 그 빈민가 지역에 살고 있는 180명의 사람들 중에 98%인 176명이 대단히 성공적인 삶을 살고 있다는 것을 발견하게 되었습니다. 25년 전의 결론과 달리 어떻게 해서 이런 결과가 생기게 되었는지 그 이유를 찾기 시작했습니다. 이들을 통해 알아낸 사실은 고등학교 때 만났던 한 여선생님 때문임을 알게 되었습니다.
　그래서 그 여선생님을 찾아가서 학생들을 어떻게 가르쳤는지 물어보았더니 "그건 아주 간단해요. 저는 단지 그 아이들을 사랑했을 뿐이에요."라고 대답하였습니다. 그렇습니다. 인간에게 정말 중요한 것은 사랑입니다. 사랑하면 볼티모어의 빈민가의 희망 없는 청소년들도 성공적인 삶을 살게 되는 것입니다.

사랑에 힘이 있으려면 진실해야 합니다. 그렇다면 진실한 사랑은 어떤 모습인가요? 그것은 예수님의 모습을 보면 가장 잘 드러납니다. 예수님은 사람들을 사랑하시되 가장 진실하게 사랑하셨고 사람뿐 아니라 하나님께도 진실하셨습니다. 그분은 겟세마네에서 이렇게 기도하셨습니다.

　"아버지 이 잔을 내게서 옮겨 주십시오. 그러나 내 뜻대로 하지 마시고 주의 뜻대로 하소서."

　예수님의 마지막 고백, '내 뜻대로 하지 마시고 아버지의 뜻대로 하소서.'라는 고백은 앞에 표현된 처절함 뒤에 나온 것임을 깊이 유의해야 합니다. 이와 대조적으로 베드로는 자신이 얼마나 연약한 존재인지 모른 채 예수님 앞에서 '나는 절대로 당신을 부인하는 일이 없을 겁니다.'라고 호언장담합니다. 인간으로서 가장 완전하신 예수님도 자신이 얼마나 연약한 존재인지 정확히 아시고는 '이 잔을 내게서 옮겨 주십시오.'라고 간절히 기도하셨습니다. 따라서 자신의 연약함을 알아야만 하나님의 은혜를 구할 수 있습니다. 다른 말로 하면 자신이 얼마나 약한지 모르는 자에게는 하나님의 은혜가 없다는 역설이 성립되는 것입니다.

　한편 예수님이 처절하게 기도할 때 아직 자신의 연약함을 발견하지 못한 베드로는 경고를 받았음에도 불구하고 교만

하여 대비하지 못했고 결국은 예수님을 부인하고 말았습니다. 예수님을 저주하면서까지 부인한 자신의 실존을 본 베드로는 자신이 얼마나 두꺼운 가면을 썼는지 알게 되자 예수님의 부활을 확인했음에도 예수님을 볼 면목이 없어 옛날의 자기로 돌아가 고기를 잡으러 갑니다. 그러나 예수님께서는 실패한 베드로에게 찾아와 '시몬'으로 부르십니다. 이것은 베드로로 살아야 한다는 부담을 벗기시고 그냥 있는 모습 그대로 살라고 하시는 것입니다. 연약함 가운데 자유하게 하시는 하나님의 은총입니다.

하나님께서는 우리가 연약함을 인정하기를 바라십니다. 죄가 없으면 은혜도 없기 때문입니다. 자신이 얼마나 나약하고 부족한 인간인지를 깨닫는 경험과 진실하고 철저한 고백이 있을 때 비로소 하늘의 능력이 임합니다. 이것이 하늘나라의 법칙입니다. 약할 때 강함 주시는 하나님! 그러므로 진솔한 모습을 보여 주어야 합니다. 우리의 모습을 속이거나 위선으로 포장하지 말고 우리의 실수, 연약함에 대해서 철저하게 고백해야 합니다. 내가 약해질 때 하나님의 사랑이 흘러나오게 됩니다. 참 사랑은 하나님으로부터 나오기에 우리가 다른 사람에게 줄 수 있는 사랑은 완벽한 모습이 아니라 솔직한 모습으로 다가갈 때 나타나는 것입니다. 그럴 때에 포장하지 않는 진실함에서 나오는 힘이 마음속으로부터 하나님을 통해 전달됩니다. 이것이 영적 성장을 위해서 필요한 것입니다. 우리의 목표는 좀 더 하나님께 다가가는 것이며 영적으로 성장하는 것인데 그러기 위해서는 솔직한 나의 모습, 연약한 모습을 인정해야 합니다.

이러한 하나님의 사랑을 체험한 저는 저의 불완전한 모습 그대로 진실하게 영혼을 섬겼습니다. 그때 저의 진실이 성도들에게 전해져 영혼들이 치료되었고 자신들의 삶과 인생을, 그리고 사랑과 진실한 마음을 제게 주었습니다. 그때 저는 하나님의 사랑을 다시 체험하는 것과 같은 충격을 받았습니다. 그리고 그 사랑을 받으며 다시 사랑을 베푸는 가운데 사랑의 공동체가 우리 가운데 이루어지기 시작하였습니다. 그것이 한밀교회였습니다. 그것은 전적인 하나님의 은혜입니다.

그 후 저는 사랑의 삶에 대해 좀 더 자신감과 능동성을 가지게 되었습니다. 다른 영혼을 위해 저를 주는 것이 그렇게 힘들지만은 않게 되었습니다. 왜냐하면 지속적인 자기치유와 성숙을 위해 노력해왔기 때문입니다. 이제는 좀 더 자연스럽게 주님의 마음을 가지고 다른 사람의 아픔과 상처를 보고, 같이 아파해주고 같이 울어줄 수 있게 되었습니다. 또한 형제가 기뻐하고 행복해 하면 그들과 같은 마음으로 기뻐하고 행복해하는 것이 편안하고 자유스러워졌습니다. 그리고 마음을 공감해 준다는 것은 제가 그와 함께 있어주고 수용함으로써 그가 제 안에 들어와 자기의 모습이 어떠하든 간에 쉼과 안식을 얻을 수 있도록 하는 것입니다. 저는 만나는 모든 사람에게 공감하는 마음을 가지고 상처 입은 치료자로 살아가는 여유가 점점 커지고 있습니다. 그러나 때때로 형제의 상처가 너무 커서 그의 아픔을 공감할 수 없을 만큼 고통스러울 때도 있었습니다. 앞으로도 그런 날이 많을 것입니다. 그래도 그것을 피하지 않고, 그 자리에서 위로와 힘과 사랑을 주시는 주님을 바라보면서 저의 형제를 혼자 두지 않고 함께 있어주려고 합니다. 주님이 제게 그렇게 해주신 것처럼 말입니다.

저는 다른 사람을 인격적으로 사랑하는 것이 얼마나 어려운지 온몸으로 깨닫습니다. 그러기 때문에 문득 도피하고 싶은 마음이 일어날 때에도 겸손히 하나님의 은혜를 구합니다. 이 길이 힘들고 어려운 것은 사실이지만, 진정한 행복, 진정한 기쁨, 진정한 축복의 길임을 알기에 다시금 힘을 냅니다. 그래서 저는 당신에게도 이 길을 제안하려 합니다. 주님과 함께, 그리고 성령님의 조명과 보호 아래서 사랑을 믿는 사람들과 함께 가는 길은 힘들지 않고 외롭지 않습니다. 그 길은 반드시 풍성한 열매가 있으며 하나님께서 당신의 삶을 최고의 존귀와 영광으로 채우실 것입니다.

저자소개

심 수 명 (Ph.D., D.Min.)

한밀교회를 개척하여 상담목회를 적용하고 있는 저자는 상담 전문가이며 신학과 심리학, 상담과 목회현장을 아우르는 학자이며 목회자입니다. 저자는 치유와 훈련, 목회를 마음에 품고 한 영혼의 전인적인 돌봄, 부부관계 회복, 비전있는 자녀교육, 건강한 교회 세움, 상담전문가 양성 등에 헌신해 왔습니다. 그 노력의 일환으로 제자훈련 시리즈, 상담 훈련용 교재들을 출판해 왔습니다. 2011년에는 "기독교상담적 관점에서 본 정신역동상담"이 문화체육관광부 우수학술도서로 선정되고, 2011년 목회와 신학에서 한국교회 명강사(상담분야)로 선정되는 등 한국교회와 사회에 영향력을 끼치고 있습니다.

안양대와 총신대(신학), 고려대(석사, 상담심리)와 미국 풀러신대에서 목회상담학 박사와 국제신대에서 상담학 철학박사 학위를 취득하였고, 상담 및 임상훈련은 한국의 여러 연구소와 미국의 Clinebell Institute(Counseling & Psycho therapy), Family Counseling Service Center (Family Therapy), Covenant Seminary & Medical Center (C.P.E.)에서 받았습니다.

상담자격은 한국 목회상담협회 감독, 한국 복음주의 기독교상담학회 감독상담사, 한국 기독교상담 및 심리치료학회 상담전문가, 한국 가족상담협회 수련감독으로 활동 중입니다.

여성부정책자문위원으로 활동했으며 현재 한기총 다세움상담목회대학원 원장, 사단법인 다세움 대표, 국제신학대학원대학교 상담학 주임교수로 사역하고 있습니다.

대표 저서

「기독교상담적 관점에서 본 정신역동상담」(도서출판 다세움)

「상담목회」(도서출판 다세움)

「인격치료」(학지사)

「새가족반 성경공부 교재 새로운 시작」(도서출판 다세움)

「전인성숙을 위한 제자훈련 시리즈」 전 4권(도서출판 다세움)

「인생을 축제처럼」(도서출판 다세움)

「탁월한 자녀를 만드는 특별한 교육법」(SFC)

「비전의 사람들」(도서출판 다세움)

「사랑이 흐르는 공동체 만들기 시리즈」 전 2권(도서출판 다세움)

「정신역동상담」(도서출판 다세움)

가정사역 도서

「한국적 이마고 부부치료」(도서출판 다세움)

「부부심리 이해」(도서출판 다세움)

「행복결혼학교」(도서출판 다세움)

「아버지 학교」(도서출판 다세움)

「어머니 학교」(도서출판 다세움)

「거절감치료」(도서출판 다세움)

「분노치료」(도서출판 다세움)

「인간관계훈련」(도서출판 다세움)

「의사소통훈련」(도서출판 다세움)

이메일

soomyung2@naver.com

연락처

한밀교회 (02)2605-7588, www.hanmil.or.kr

사단법인 다세움 (02)2601-7422~4, www.daseum.org